Isabel Suárez

Leyendas de la Provincia Mexicana

Zona Sureste

SELECTOR

actualidad editorial

Doctor Erazo 120
Colonia Doctores
México 06720, D.F.

Tel. 55 88 72 72
Fax. 57 61 57 16

LEYENDAS DE LA PROVINCIA MEXICANA/ZONA SURESTE

Ilustración de interiores: Héctor Rojas Valdivia
Diseño de portada: Mónica Jácome

Copyright © 2002, Selector S.A. de C.V.
Derechos de edición reservados para el mundo

ISBN: 970-643-528-X

Primera edición: septiembre de 2002

NI UNA FOTOCOPIA MÁS

Características tipográficas aseguradas conforme a la ley.
Prohibida la reproducción parcial o total de la obra
sin autorización de los editores.
Impreso y encuadernado en México.
__Printed and bound in México__

COLECCIÓN LITERATURA JUVENIL

COLECCIONES

Belleza
Negocios
Superación personal
Salud
Familia
Literatura infantil
Literatura juvenil
Ciencia para niños
Con los pelos de punta
Pequeños valientes
¡Que la fuerza te acompañe!
Juegos y acertijos
Manualidades
Cultural
Medicina alternativa
Clásicos para niños
Computación
Didáctica
New Age
Esoterismo
Historia para niños
Humorismo
Interés general
Compendios de bolsillo
Cocina
Inspiracional
Ajedrez
Pokémon
B. Traven
Disney pasatiempos

Contenido

Introducción

Hace muchos años, había un gran reino; vivían numerosos príncipes, magos y flores misteriosas...

El reino del prodigio estuvo en el Oriente, en un bello paraje, rodeado por aguas de zafiro, donde nadaban exóticos peces, cuyos colores nunca se han visto en otros mares.

Se conocía el caucho para hacer pelotas –en apuesta sagrada con la muerte–. Se refrescaban con el agua de chía... sabían del petróleo y del chicle; cultivaban el cacao, con el cual se deleitaban en las ocasiones solemnes y rituales, y cuyas semillas usaban como moneda. Reinaban el aliento del tigre y la serpiente; se lucían orgullosos el venado, la guacamaya y el faisán.

En verdad, el Oriente y el Sureste mexicano tienen tanta riqueza cultural: construcciones prehispánicas, bellos lugares coloniales, tradiciones vigentes en la actualidad, que resulta muy interesante adentrarse en su imaginación para conocer sus leyendas.

Integran esta zona –fiel a sus raíces ancestrales, a pesar del tiempo– Chiapas, Campeche, Yucatán y Quintana Roo.

Tanto las ruinas como las costumbres y las tradiciones de dichos estados han determinado la presencia genérica –mayoritaria– de la cultura maya.

Los estados que se consideran en esta referencia, al tratar de rescatar y divulgar sus leyendas, mitos y creencias, conservan lenguas afines, tradiciones del mismo tronco, así como ruinas de diversas etapas de una misma cultura básica.

Como centros principales de esa cultura se encuentran ciudades –Estado– (reinos, repúblicas o focos de gobierno sacerdotal) tan importantes como Uxmal, Loltún, Palenque, Izamal, Chichén Itzá, Edzná, Hezel-Chacán, la isla de Jaina, Balamkú, Bonampak, Izapa, en la frontera Chiapas-Guatemala. De unas y otras, lo mismo que de los pueblos ignorados –pero parte de la unidad cultural–, se han tomado los relatos de este libro, los cuales tienen parte de realidad, mucho de fantasía y toda la belleza sugerente del paisaje selvático y marino de donde surgieron.

Capítulo I
Leyendas del mayab

La Creación

En un principio, no estaba nada en orden. Sólo el agua estaba en reposo, con un sinfín de posibilidades.

Ocultos en la inmensidad se hallaban los Creadores: Tepeu y Gucumatz, "padres y madres de todo lo creado".

Como estaban solos, dijeron:

—¡Que se abra el mar y surja la tierra!— dijeron.

Entonces formaron los montes y los llanos. Dividieron caminos para ordenar el agua: aparecieron los arroyos, los ríos y las lagunas.

Crearon a los animales para cuidar los montes y a los enanitos para habitar los bosques.

Sólo pedían gratitud y alabanzas para su obra; pero aquéllos no pudieron hablar para agradecer y fueron destinados a servir de alimento unos de otros y tal vez de algunos seres diferentes.

—¿Por qué no crear seres superiores? —dijeron—. Hagamos un ser inteligente, capaz de reconocer nuestro mérito, de hablar y de alabarnos.

Ése fue el momento de crear al hombre. Probaron con cuerpecitos de barro; pudieron amasar el lodo y fácilmente lograr su intención. Pero aquellos hombres no tenían entendimiento y al acercarse al agua se desmadejaron y se deshicieron.

Ese experimento dejó tristes a los Creadores y Sostenedores de la Vida, mas intentaron de nuevo. Ahora con muñequitos de madera. Echaron suertes con maíz y frijol tzité.

—¡Sí, sí! —gritaron juntando sus voces—, la madera hablará por su boca, todo será alabanza.

Los hombres de madera salieron muy bellos pero no tenían entendimiento y andaban por el mundo sin acordarse de las divinidades.

Tepeu y Gucumatz idearon un castigo para su ingratitud: enviaron sobre el mundo una lluvia de brea y resina ardiente.

Los hombres de madera pidieron asilo y ayuda a los animales, así como a los objetos, pero he aquí las respuestas a sus súplicas:

Los perrillos itzcuintlis y los guajolotes dijeron:

—Nos comieron y nos maltrataron bastante: no les ayudaremos. ¡Fuera!

Los metates y los molcajetes se quejaron también contra los hombres:

—Sus mujeres nos frotaron sin piedad y nos desgastaron moliendo su maíz y haciendo salsas. ¡Es justo que desaparezcan!

—¡Ahora, nosotros moleremos esa carne quemada! ¡Su cuerpo se hará polvo! —añadió un metatillo inútil al estar quebrado de una pata.

Tampoco las ollas ni los comales tuvieron compasión:

—Siempre tiznada, siempre me tuvieron olvidada —gimió una olla grande, descuidada por su ama—, no merecen ninguna ayuda.

—A mí me deshicieron una oreja con un mal movimiento, ¡descuidados! —se quejó una ollita donde hacían pozol.

—Un comal está bien para ayudarlos cuando hacen sus tortillas, cuando asan su carne y su pescado, cuando calientan la cazuela de calabazas con achiote... ¡está bien! Pero un comal

12

se cansa de que nadie lo limpie, de que nadie lo atienda; siempre ennegrecido y tatemado, sin que nadie se duela de que está siempre en el fuego.

—Nosotros quemaremos, ¡muy fácil!, esa madera que tanto nos dañó —amenazaron.

De ese modo, sin encontrar ayuda, los hombres de madera corrían, metiéndose en sus casas; pero el diluvio de resina los carcomía. Trataron de subirse a los árboles, pero las ramas se doblaban lanzándolos al suelo. Quisieron esconderse en cuevas, en grutas, en cavernas, pero los animales vigilaban su entrada, o ésta se cubría de maleza tupida antes de que llegaran.

Ya quedaban muy pocos cuando bajaron los pájaros del Mundo de los Muertos, para perseguirlos, hasta que arribaron los tigres verdugos: Cotz-Balam y Tucum-Balam, y los hicieron pedacitos.

Eso sí, hubo unos cuantos que pidieron perdón y huyeron a los árboles de un gran monte. La piedad de los Creadores les proporcionó un lazo, para que atándose a las ramas, éstas no los rechazaran... los monos no son sino descendientes de los hombres de madera por ello se parecen tanto a nosotros.

13

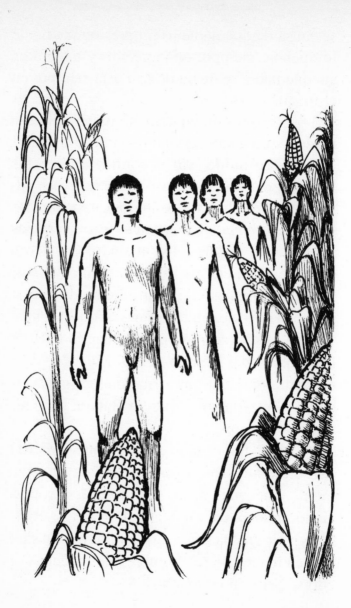

Secreto: los lazos se volvieron colas.

Después de fracasar en dos ocasiones, intentaron nuevamente la creación del hombre.

Consultaron entre sí y decidieron pedirles opinión a los seres existentes.

Cuatro animales –dos de aire y dos de tierra– propusieron el uso del maíz amarillo y el maíz blanco para el nuevo experimento.

Yak, el gato montés habló primero:

—El maíz es grato para comer, debe poseer alguna sustancia poderosa porque te sientes fuerte; además, es pródigo: un granito te da muchas mazorcas.

—Estoy de acuerdo con el gato de monte —aulló el coyote—, el maíz da fuerza. Creo que hará una carne consistente para un ser superior.

Al ser interrogada, la cotorra contestó:

—Señor, el maíz actúa reforzando la voz y me permite hablar; un hombre de maíz hablará, razonará y te alabará.

El cuervo, desde una rama que le servía de sostén, ofreció su parecer:

—El maíz da sabiduría y bienestar. ¡No dejen de usar el maíz!

Los Creadores aceptaron esta semilla como material para su nuevo intento y enviaron a los

15

cuatro animales por los cuatro rumbos del mundo recién creado para conseguir las mejores semillas de maíz que se usaría para crear al ser inteligente y agradecido.

Ixmucamé –la abuela de los semidioses hijos de Ixquic la doncella, frutos del milagro del poder de la calavera del Xibalbá– fue quien preparó la comida para conformar el cuerpo del hombre.

Del maíz blanco y del maíz amarillo se formó el cuerpo de los primeros hombres. Su carne y su gordura salieron del maíz. También sus manos y sus pies provinieron de la misma comida. La cabeza era lisa y con el pelo de las mazorcas que se desgranaron, tuvieron cabello.

Cuatro hombres formados. Los cuatro padres de todos los quichés y de toda la raza humana. Se encomendó su defensa y fortaleza al espíritu de la selva, que es Yumbalam, el Aliento del Tigre. Esos cuatro "Tigres", con el mismo espíritu grandioso del amo de la selva, fueron los primeros hombres que aparecieron por obra de los Creadores.

Los cuatro se erigieron como los primeros padres de la humanidad, como otros cuatro Adanes de la creación tradicional. Y como a cuatro Adanes, también la divinidad les proporcionó, a cada quien, una mujer, a la que encontraron de improviso a su lado, al despertar de un sueño.

De estas cuatro parejas primitivas descienden todos los linajes maya-quichés, quienes, agradecidos, decían en sus oraciones:

—Oh, Tepeu, Gucumatz, que nos formaste, danos descendencia. ¡Oye nuestra necesidad de poblar el mundo!

Tres parejas tuvieron numerosos hijos y progresaron. Sus familias se extendieron por el Oriente. El cuarto grupo que debió formarse se integró por la intervención del mago Zaquic.

Xibalbá, el siniestro inframundo

A partir de una dualidad creadora masculino-femenina, cada una de estas fuerzas se duplicaba y ejercía el poder de formar la creación, por eso hablaban de Dios ("Condicionante Universal") como los "padres y madres" de todo lo existente.

Entre los conceptos acerca del "más allá", de la vida ultraterrena posterior a la muerte, ellos situaban a las personas –almas– en un lugar llamado Xibalbá, debajo de la tierra. Los misioneros cristianos lo compararon con el infierno; también se le nombró el inframundo. (Aquí entre nos, yo le diría "la casa de los sustos"...)

Allí vivían los causantes de las enfermedades y los vicios. Establecido como una especie de reino, era un lugar de oscuridad y tormento.

En el inframundo se encontraban diferentes casas de castigos, cada una tenía su especialidad:

La Casa Oscura no dejaba entrar ni un rayito de luz: todo en ella era tinieblas. La Casa del Frío: todos acababan tiritando y entiesándose después. La Casa de los Tigres; la de los Murciélagos; la de las Navajas... ¡Suficiente para atemorizar a cualquiera!

Zamná

En estas tierras –nuestro suelo–, después de algún suceso lejano que nadie consignó, pero que todos conocían por sus consecuencias, los hombres se dispersaron.

¡Los más buenos se establecieron en la planicie del Oriente!

Las inscripciones que hicieron los señores de ese tiempo dan a conocer su nombre: los Itzáes. El más sabio era Zamná.

Zamná significa: soy sustancia del cielo, soy el rocío de las nubes. En la tradición se le llama Rocío del Cielo.

Zamná –conocido también como Itzamná– no fue rey o guerrero, tampoco puede decirse que un dios: era un profeta.

Su poder emanaba de su conocimiento de la vida y del idioma de los muertos; esto último se considera la sabiduría y experiencia de los antepasados.

En los días en que la luna se hizo grande, Zamná tomó posesión de los animales llamándolos por su nombre; así, vino el faisán, se acercó el venado, bajó la paloma, acudió el conejo. La tórtola llegó sin ser llamada y picoteó en el hueco de aquella mano amiga y generosa. Sólo las víboras no entendieron su nombre.

Luego, Zamná ordenó a los vientos que corrían sin sentido. Gritó hacia el Oriente y el eco le respondió con lluvia; gritó al Poniente y le contestó el viento de la ruina. Del Sur arribó el viento del hambre y del Norte el viento de la revelación. Entonces, la gente, aprendió a conocer los vientos, a respetarlos, a gozarlos y a temerlos.

Los pueblos se fundaron y recibieron su nombre según el oficio de sus pobladores, o bien de los animales, flores y frutos que hubo en cada lugar.

Zamná recogió vegetales comestibles, hizo venir a los enfermos y a cada uno le aconsejó que tomara lo que al oler sintiera que era bueno para su mal.

Los enfermos sanaron y Zamná comentó: "Sólo se ha de tomar lo que es bueno para el bien".

Cuando el propio Zamná escuchó el mar, envió hacia el Oriente a varios jóvenes porque adivinó que "en un tiempo salieron de las aguas arrancándose las escamas y tapándose las agallas, para respirar un aire que no conocían" (¿se tratará de las primeras especies terrestres?). Aquellas criaturas se arrastraron sobre la arena el primer día y al siguiente se alzaron ante la luz...

Bien, aquí salta un comentario: ¿No te parece un sabio anticipo a las teorías modernas, sobre el origen y la evolución de la vida en la Tierra?

Al volver a nuestra leyenda: los jóvenes regresaron: uno trajo sal, otro peces, el tercero perlas. Zamná distribuyó siempre con sabiduría, prudencia y providencia.

La sal a los ancianos, para que la repartan.

Los peces a las mujeres, para que provean el alimento.

Las perlas a las doncellas, para que se adornen y su vista cause felicidad.

Luego, Zamná, bajo un gran roble, descubrió el destino de cada quién:

Quienes pusieron su rostro junto a las raíces serían los sacerdotes.

Los que cortaron ramas, las aguzaron y prepararon las más gruesas para la defensa, serían los guerreros.

Quienes tomaron flores y bellas ramas para trenzarlas entre sus cabellos serían los artífices.

Los que se quedaron en silencio, al tratar de entender las voces mudas y el espíritu interno de las cosas, serían los profetas.

Cuando los itzáes le preguntaron acerca de los sacrificios y ofrendas a los dioses, Zamná respondió que servían para testimoniar favores, lo mismo que para pedir perdón. Añadió que sólo es necesario ofrecer una fruta, un animal o un bien cualquiera a lo alto y dejarlo después sobre la tierra para alimento de "los que no tienen alas y se arrastran con dolor y vergüenza sobre sus pechos".

—Lo que vale más que cualquier ofrenda —aseguró— es el tesoro de un corazón limpio.

Zamná levantó los ojos al cielo y al instante se detuvieron los luceros. Su brillo se hizo

21

como lumbre y la luz se convirtió en música en los oídos de los hombres de fe.

Fundaciones

Cuando Zamná, el organizador, el sabio, el profeta, consideró que las cosas habían quedado en orden, convocó a los itzáes para indicarles que debían fundar ciudades.

Los hombres así lo hicieron; se separaron en cuatro porciones tribales –como es lo correcto de acuerdo con la función mágica del 4 (doble de la dualidad)– y tomaron caminos diversos. Al Oriente fundaron Chichén Itzá, cuyo nombre fue en honor de la unidad itzá.

Al Poniente erigieron T´ho.

Al Sur, Copán, que significa lugar "hollado".

Al Norte se fundó "la ciudad oculta anunciada en las enseñanzas antiguas".

Todo quedó como debía de ser. Allí vivieron los itzáes cuando los hombres y los dioses se daban las manos desde las nubes y desde los árboles. El campo les daba alimento; los animales, alivio; las ciudades, paz; y las pirámides, alegría, sabiduría y esperanza. Así ocurrió hasta la llegada de los invasores que se anunciaron con vientos pestilentes y voz ronca, encima y por debajo de la pirámide del poniente.

Quetzalcóatl

Las garzas se dispersaron volando temerosas, en todas direcciones.

Se oyó un lenguaje rudo de pronunciación atropellada, y los que hollaron los poblados impusieron la guerra. Un hombre alto "con rostro encalado y barba blanca" iba al frente. Sus seguidores le decían Quetzalcóatl; los mayas lo tradujeron como Kukulkán (Serpiente Emplumada, que en un principio fue Serpiente con Alas).

Se impusieron sacrificios humanos. Los itzáes quisieron huir, pero todos los caminos se cerraron con tupida maleza...

La leyenda cuenta que un día voló hasta el cielo y quedó tan admirado del brillo del sol que quiso hablarle como a un igual.

El sol se ofendió y le quemó la lengua...

Kukulkán precede al dios Chaac, su cola agita el viento y lo hace soplar sobre la tierra para barrerla y quitar toda la basura; después, la fuerza de Chaac hace caer la lluvia y ésta se vierte sobre el suelo limpio.

Las serpientes

Cuentan que la Serpiente de Cascabel tocaba sus sonajas ese día con gran entusiasmo.

—Vengan, vengan todas, amigas mías, voy a celebrar una fiesta.

Pronto llegaron las serpientes que oyeron el llamado, pues Cascabel era muy estimada y poderosa, y hacía unas fiestas memorables. Y así resultó aquélla.

Al final de la reunión, que fue magnífica, Cascabel dijo que estaba tan contenta que quería concederle a cada una su mejor deseo.

—Yo quiero —pidió la primera— ser invisible para protegerme de los que me persiguen en el bosque.

—Serás color de tierra —prometió Cascabel.

—Yo quiero tener la panza más grande para comer mucho —expresó la segunda.

—Podrás tragar un cerdo —ofreció.

—Yo quiero ser bella —rogó la tercera.

—Te entrego los colores del iris...

La cuarta pidió fuerza y Cascabel le enfatizó que un golpe de su cola dejaría fuera de combate a cualquier enemigo.

La aficionada a la resolana y a la calma pidió subir a los tejados de las casas y Cascabel le concedió la agilidad de la ardilla.

24

La última, ¡quería comer serpientes!

—No —exclamaron todas y echándose sobre ella la devoraron de inmediato.

Tamaychí

Tamaychí es una divinidad protectora de los animalitos. Habla con ellos, los comprende y los ayuda cuando están en peligro o en dificultades.

Es como un genio benévolo y tiene el poder de un mago. Es invisible, pero acude cuando alguno lo necesita. Se cuentan numerosas intervenciones de este personaje singular, a continuación se narran algunas.

Uitzol, el pajarito

Un pajarito sin oficio se hallaba un día en el bosque, ocioso como de costumbre. Los demás pájaros iban y venían de sus nidos sin poder consolar a sus hijitos que se alborotaban y lloraban sin parar.

Llegó Tamaychí a preguntar qué problema había que hacía sufrir tanto a los pequeños:

—¿Acaso no los cubren bien con su cuerpo, malos padres? ¿Por ventura, no les traen suficiente comida, holgazanes? ¿Los abandonan por irse a platicar con los amigos, irresponsables?

—No, señor, comen bien, están cubiertos y no descuidamos su vigilancia —dijo la Abuela Pájara—. Toda la vida están descontentos y se quejan porque no tienen diversión...

Entonces, Tamaychí consideró que era cierto y tomando a Uitzol, el pajarito sin oficio, entre las manos, le ordenó:

—Tú, ocioso, vas a tener quehacer desde hoy: brinca y canta para que los pajaritos se diviertan cuando se asomen en los nidos, y no lloren tanto.

Por ello Uitzol da saltitos, al parecer inútiles, y canta todo el día.

Las lagartijas

Los primeros hombres y sus hijos molestaban constantemente a las lagartijas. Al jugar con ellas les estiraban las patas, les movían la cabecita, las hacían caminar sobre piedras rasposas, y un día, ¡hasta les cortaron la cola!

Una comisión se presentó ante Tamaychí. La lagartija más lastimada se adelantó y habló:

—Señor, los hombres y sus hijos nos maltratan. Mira, nos cortaron la cola y ahora los animales del bosque se burlan y nos dicen que parecemos ranas.

—Sí —añadió otra lagartijita asustada—, ayer me iba a comer una víbora y tuve que gritarle: "¡No soy sapo ni rana, soy una lagartija!"

—Lo bueno es que la víbora, torciéndose de asco, exclamó: "Ush... aléjate... las lagartijas me dan náuseas" —afirmó la primera que habló con Tamaychí.

Entonces, el poderoso amigo de los pequeños de la selva y del bosque les prometió:

—El corte de la cola no va a dolerles nada y, además, cada vez que la pierdan, les daré una más larga. ¿Contentas?

—Sí, sí —dijeron las lagartijas a coro y se alejaron estrenando colas.

El zorro

La gente se quejaba de que el zorro hacía destrozos en los corrales.

Intentaron alejarlo con otros alimentos apetecibles, pero el zorro no los probó; seguía asaltando los corrales en las noches.

—Tamaychí —invocó un granjero desesperado—, mira lo que hace el zorro: mi gallinero está perdido por su culpa.

El hombre quemó un poco de copal amarillo cerca del gallinero y escuchó al poderoso
ser protector de los necesitados.

—Hablaré con él —ofreció.

—Oye zorro, necesito hablar contigo: pre-
séntate —le mandó decir con un tecolote o
búho, de los Tukur que sirven de mensajeros
en esas regiones—. Tengo muchas quejas de
tu comportamiento.

—Prodigioso señor Tamachí — se quejó
el zorro cuando estuvo ante él—. Tú dispusis-
te que comiera carne de gallina. No sé comer
otro alimento; lo que es gallina ¡no me dan! Y
cada vez que como, me persiguen y me apa-
lean...

—Tienes razón, amigo —contestó
Tamaychí—, yo dispuse que comieras carne
de gallina: ¡eso habrás de comer! Pero voy a
hacerte más leve el castigo.

—¿Cómo?

—Come bien. Sé muy cuidadoso y acércate en silencio. Cuando te persigan, al primer
palo, a la primera pedrada, al primer chicotazo,
al primer golpe de sartén, de olla, de piedra de
moler, de cuchara de fierro, o de pala, te tiras
al suelo, te quedas quieto, sin moverte, sin abrir
los ojos y detienes un momento la respiración.

29

En cuanto den la vuelta, al creer que estás muerto, ellos se retirarán. Escaparás sin que te alcancen.

La urraca

Trabajaba mucho la urraca y no querían pagarle.

Se quejó con Tamaychí y le dijo:

—Vamos a comprobar si es cierto lo que dices.

La urraca trabajó para un loro, luego para un sapo, después para la zorra y nadie le pagó.

—Bien —le indicó Tamaychí—, desde hoy roba todo lo que quieras.

A partir de ese día la urraca roba rosarios, dedales, medallitas... sí: tiene predilección por los metales y es particularmente aficionada al oro...

"Ha de querer reponer
las moneditas que todos
le quedaron a deber".

Los sueños

Una linda mariposita lloraba porque perdió sus alas.

—Mis alas eran muy hermosas, Tamaychí —gemía desconsolada.

—No llores, pequeña, tal vez puedas vivir sin alas.

—Sí, tal vez pueda, señor, pero eran tan bellas; estaba tan feliz con mis alas... ¿No volveré a tenerlas?

—Tengo una solución para ti, pequeña.

Entonces le indicó que debía ir por el camino del Oeste hasta llegar al cruce, después seguir hacia el Sur, allí encontraría un monte que también debía escalar.

—En ese lugar encontrarás la ceiba más frondosa, ampárate a su sombra.

La mariposita caminó y caminó según las instrucciones de Tamaychí. Buscó la ceiba grande y estaba tan cansada que en una raíz saliente se quedó profundamente dormida.

Al despertar vio frente a ella a Tamaychí, este genio protector que conoce el alma de los animalitos, y le dijo alegremente:

—¡Te veo feliz, pequeña!

—Tamaychí, Tamaychí, estoy contenta porque en sueños volé hasta las nubes con mis hermosas alas, aunque veo que no las tengo.

—Así es, pequeña, las ilusiones y los sueños nos dan felicidad, aunque sólo sean eso, ¡sueños! Y se desvanezcan cuando despertamos.

Juan Tul

Juan Tul es un conejo al cual la leyenda le atribuye numerosas aventuras. Juan Tul es muy listo y casi siempre sale ganando.

Muchas veces se burló de la Ardilla. Un día, pasó ésta y vio al conejo con los brazos en alto y las manos contra el techo de su cueva.

—¿Qué haces, Juan Tul?

—Estoy sosteniendo el techo de la cueva, parece que se va a desplomar.

—Oh, con tu permiso: voy de paso.

—Adiós.

Al día siguiente, la Ardilla volvió a pasar y Juan Tul seguía en la misma postura; así se colocó cuando la vio acercarse para hacerle creer que había sostenido el techo desde el día anterior.

—¿Todavía sostienes el techo de tu cueva, Juan Tul?

—Sí, amiga; estoy muy agotado.

—Déjame ayudarte —dijo ella, compasiva, y allí se quedó en lugar del conejo un día y otro más.

Al tercer día, ya muy cansada, la Ardilla aflojó un poco las manos y se dio cuenta de que el techo no se estaba cayendo, de modo que ésa fue una de las bromas que solía jugarle Juan Tul, por lo cual se retiró disgustada.

Unos días después se encontraron nuevamente y como la Ardilla le reclamó por el engaño, Juan Tul, haciéndose el sorprendido le dijo:

—¿Cuál cueva, amiga? Desde hace meses no he salido del zacatal... Mira, hasta tengo los bultos hechos para entregar, ayúdame a cargarlos.

La Ardilla le auxilió con los más grandes, que puso sobre su espalda. Juan Tul cogió el bultito pequeño que quedaba en el suelo y se echó a correr.

—Otra vez me engañaste —se quejó la Ardilla. Con gran trabajo se logró librar del cargamento y se escapó.

A los pocos días, se encontraron otra vez.

—Juan Tul, me has engañado ya dos veces: te voy a castigar con esta vara –lo amenazó. El conejo negó los cargos, y al ver que la Ardilla estaba decidida a pegarle le dijo:

—Tonta, al castigarme por algo que hice o no hice, vas a dejar tirados los piñones que están tirados en aquella orilla...

La Ardilla fue a buscar los piñones y, mientras los recogía, Juan Tul se le perdió de vista.

—¡Van tres! —pensó enojada.

Ouro día se encontraron al salir del bosque:

—¡Juan Tul, por fin te encuentro! ¡Vas a ver!

—Perdone: yo no soy Juan Tul. No soy ni de este rumbo, acabo de llegar de aquel bosque.

—Bien, señor, perdone mi confusión, pero me pareció que usted era Juan Tul —en seguida le pidió:

—Tengo sed y usted trae un calabazo lleno: ¿me dejaría beber?

—Claro: bebe lo que gustes —y le embutió el calabazo en la boca.

La Ardilla, realmente sedienta, bebió hasta dejar vacío el calabazo y cayó privada de sentido. Apenas alcanzó a entender lo que Juan Tul gritaba entre risotadas burlescas:

—Miren a esta borracha: se acabó mi balché. Luego lanzó una nueva burla directa:

—Tonta, tontísima, así eres incapaz de ponerte de pie; alcánzame si puedes... —y el soberano bribón: se echó a correr.

Los aluxes

Los aluxes se semejan mucho a los duendes. Son como niños, pero muy pequeñitos; sólo se dejan ver alguna vez, cuando alguien los sorprende antes de que se vuelvan transparentes o invisibles...

Viven en las "cuyas" (montículos de ruinas) y en los sembradíos. Buscan lugares donde hay agua para esconderse.

No son malos, sólo traviesos. Suben y bajan.
Tiran piedritas. Se roban el fuego para jugar. Pi-
san las matitas que empiezan a brotar, al
corretearse por ahí. Si alguien oye ruiditos extraños, pisadas, o la caída de algún trasto, seguro
que están haciendo de las suyas. Si perciben que
alguien los escucha o trata de descubrirlos, se ale-
jan "a la carrera", siempre por pares o "en montón".

Si una lumbre arde y salen chispas, corren
por ellas y se las arrojan unos a otros; si acaso
se interrumpe su juego —con una palmada o
moviendo las brasas para evitar el chisporro-
teo—, se esconden, pero no se van. Esperan un
momento para presentarse nuevamente y seguir el juego. En ese caso se alborotan más
bailando alrededor del fuego.

Pocas personas aseguran haberlos visto y
casi siempre se trata de ancianitos a quienes se
les cumple esta curiosidad, y son ellos —gente
seria y confiable— quienes han informado de
la apariencia y andanzas de esos minúsculos
seres legendarios.

"Los aluxes tienen sus terrenos y hay que
respetárselos", se comenta en los pueblos. Sí,

35

no hay que invadir "sus propiedades"; si se siembra en uno de sus terrenos, antes hay que congraciarse con esos seres invisibles y misteriosos, juguetones y "maldosos".

Hay que hacerles saber que se les toma en cuenta, que merecen respeto y que no se desea molestarlos ni interrumpir su vida.

Para mantenerlos contentos y evitar que perjudiquen los primeros brotes de una siembra, los campesinos suelen "regalarles" comidita: dulces, pan, pozol y hasta sus cigarritos...

Capítulo II
Chiapas

El sumidero ¿suicidio colectivo?

El estado de Chiapas –al extremo sureste de nuestro territorio nacional– pertenece en su mayoría a la cultura maya.

Se hallan importantes ruinas en lugares como Altar de Sacrificios, Lacantún, Bonampak, Yaxchilán y Piedras Negras.

Al inicio del siglo XVI los españoles trataron de someter a la región. Luis Marín acometió en 1523, pero no tuvo el éxito esperado; los chiapanecos siguieron defendiéndose. En

1527, Diego de Mazariegos logró vencerlos con una tropa española de 150 infantes y 40 soldados.

Cuenta la leyenda que al entrar el capitán español, pocos habitantes quedaban en el poblado indígena, la mayoría ancianos, niños y mujeres.

Al verse derrotados los chiapanecos reaccionaron de una manera semejante a los hebreos sitiados por los romanos en Masada, quienes prefirieron morir en forma colectiva que caer en la esclavitud. Cuando tomaron aquella plaza, los romanos no encontraron a nadie con vida; aquí, los diezmados indígenas –tras los cuatro años de resistencia– al saberse vencidos, ¡se lanzaron desde el peñón de Tepelchía hacia el profundísimo barranco, donde perecieron!

A pesar de la extrema escasez de indígenas que había en la "plaza", Mazariegos la dio por "tomada en nombre de España". Fundó con los sobrevivientes la ciudad de Chiapa de los Españoles, donde existió el pueblo de Hueyzacatlán, hoy San Cristóbal de las Casas.

En Sotoctón, la antigua Chiapan de los Indios, se fundó la actual Chiapa de Corzo. Tal fue la legendaria historia del suicidio colectivo del Sumidero y tales son las dos Chiapas que determinan el nombre plural de dicho estado.

Fórmulas, brujos, serpientes y personajes

Hay que tener cuidado si yendo por Chenalhó, en las Tierras Altas de Chiapas... hasta Guatemala, escucha el terrible conjuro de un brujo:

"Trece diablos malignos,
trece dioses de la muerte,
culebra amarilla,
culebra verde, oídme:
Una vez os mando.
Nueve veces os mando"...

El "trabajito" lo manda hacer quien tiene una enemistad y lleva un trozo de cabello o un jirón de una prenda para pedir venganza.

Las víctimas de este embrujo se invaden de inmediato de dolores de estómago que a veces se complican con otros síntomas –dolor de cabeza, cojera, "mal de manos", falta de vista– que pueden agravarse y ocasionar la muerte.

40

Hoonob, la serpiente amarillo-dorada, es muy poderosa: causa la muerte a quien se ponga un sombrero o un huarache que estuvo en el lugar donde ella se arrastró. También se recibe su fuerza maligna si ella pasa sobre la prenda que alguien se pondrá.

Un brujo puede "introducir" un sapo, insecto o víbora en el cuerpo de determinada persona para dañarla; a veces le produce tumores.

Además, se afirma que si una mujer pierde su bebé al principio del embarazo, no era tal bebé, sino que "llevaba un animal perjuicioso entrometido".

La Malhora

La Malhora es un personaje tradicional de las creencias populares, pues es parte central de numerosas leyendas.

No tiene forma definida; es un espíritu un tanto "nagualesco", ya que cambia de aspecto según el momento y de acuerdo con la persona que "la ve". Siempre –dicen– "llega cuando no debe", se presenta en mala hora, a eso se debe su nombre. Además, tiene la costumbre de "malhorear"; sus "bromas" son pesadas y a veces fatales, como esta que escuché (te advierto que pocas veces adquiere figura de hombre, siempre de mujer):

Juan se peleó de palabra con su compadre Chano y salió a su labor. Hasta allí llegó la esposa de Chano y le reclamó a Juan, quien dijo algo como:

—¿Qué pasó, comadrita?, el disgusto no era con "usté"... ¿qué tantas mentiras o "injundios" le contó su viejo?

—Ay, compadre, yo no pensé que "usté" me levantara falsos; "tá" bien que me "haiga" visto con "ya sabe", pero sólo "semos" cuatitos desde "enantes"...

De este modo la Malhora, en forma de la comadre, sigue el diálogo que por lo común conduce a equívocos, confusiones y futuros problemas graves con el ausente.

Pero puede ser que la comadre sea ella y no una aparición de la Malhora... Los creyentes no aceptan dudas; a veces los "aparecidos" son reales, pero se llevan su golpiza. Entonces, el golpeador se disculpa:

—Perdona, no era a ti a quien golpeaba: anoche platicamos de la Malhora y creí que era ella... —Pues en mala hora ¡te digo!

El Sombrerón

Parece pequeño y a medida que se acerca va creciendo y se aparece a los ebrios que "andan fuera de casa"; les provoca traspiés, los amenaza con bufidos o con golpes de su enorme y pesado sombrero para hacerlos pensar y jurar escarmiento.

El cadejo

Especie de perro –demonio que aparece según tradiciones y consejas de toda el área del pasado maya– desde Yucatán hasta El Salvador.

...Y sucedió un día, en el hermoso rancho azucarero de don Manuel, donde se usaba un trapiche para moler la caña que llega a carretadas y los peones destrozan con enormes machetes para volcarla luego sobre los engranes que la convierten en jugo espeso... Ese jugo se cuaja para formar panela, antecedente de la azúcar, lograda después de varios pasos que la depuran.

La faena era pesada, de modo que con esa noche llegó el agotamiento. Cada uno de los trabajadores se acomodó en su hamaca, y quien no tuvo una se echó sobre un costal en un lugarcito fresco y aireado.

Al dar las doce, justo en la penúltima campanada, Jacinto –uno de los más cansados– sintió sobre sí una luminaria de fuego. Quiso enderezarse, mas alguien lo detuvo echándole espuma caliente y un vaho asqueroso.

Jacinto se tiró de la hamaca y se revolcaba pidiendo auxilio. Los demás escucharon y, sorprendidos por los ruidos de la lucha, las voces y la luminaria como de incendio, exclamaron, a cual más asustado:

—¡El Cadejo! ¡ El Cadejo se está revolcando!

—Hay que pegarle cintarazos con los cueros mojados...

—Hay que darle de palos hasta que huya...

—¡Vamos a ayudarle a nuestro compañero, el Cadejo lo va a matar!

Al acercarse se dieron cuenta de que no se distinguían dos personas luchando; aunque de pronto se veían unos y otros pies, unas y otras manos; una cara humana llena de espanto; una máscara horrible de perro endemoniado... ¡cuernos!, ¡fuego!

—Calma —suplicó la boca humana que salía entre la confusión del pleito—. Soy Jacinto —rogaba— ¡no me peguen más!

Los amigos se descontrolaron. Uno de ellos imploró:

—Ya, Jacinto, no te dejes "posesionar", ¡parece que el Cadejo anda suelto!

—No vuelvas a invocar a ese monstruo —añadió un segundo.

Tales fueron las advertencias que los rancheros –invadidos por el pánico– hicieron al momento que formaban la cruz con ambas manos para retirarse sin dar la espalda.

El incendio cesó. Jacinto estaba muy golpeado y con algunas quemaduras. Él mismo nunca supo –ni sabrá jamás– cómo llegó el Cadejo o de qué manera su persona admitió al enemigo transformándose en ese personaje de las viejas leyendas.

La Tisigua

Doña Micaela, vecina de un rancho cercano a Terán, como todos los habitantes "de por allá" creía en la Tisigua y le temía porque tenía un apuesto hijo de 18 años. Las vecinas le llenaban la cabeza de dudas sobre el comportamiento del muchacho... que si lo buscaban las chicas casaderas... que si ya tendría hasta familia en el mismo Terán o en algún rancho del rumbo...

"Envidias" –pensaba la madre disgustada–, pero el día de la fiesta después de arreglarle a

Nicho su mejor ropita y antes de irse a "velar" al Santo Señor para pedirle gracia, le habló con sinceridad. Le advirtió que en el Sabinal y en las pozas cercanas se aparece la Tisigua y atonta a los jóvenes que se dejan engañar. Que es muy hermosa y sólo espera que algún descuidado esté más de la cuenta en el baño para hacer de las suyas...

—Eso de la Tisigua es cuento viejo, má...

—Anda, si no lo crees, ni lo digas, porque "garra" venganza ¡y es mala!

—La Tisigua es para gente sin oficio y sin sesos. Ya pasó el tiempo en que los espantajos y aparecidos daban miedo...

—Velo vos, Nicho, ahí está Lipe, el hijo de don Chano, convertido en idiota porque la Tisigua le dejó escurrir miel en su sombrero y le cayó en la cara... y le mojó su cuerpo. ¡Velo vos, mi niño!

—No tema nada, má. Sí, voy al Sabinal porque el agua es fresca y agradable el baño, pero de la Tisigua, ni hablar ¡porque no existe!

Con esta pena, doña Micaela se fue a la función del santo, y en ese descuido se fue Nicho a bañar al Sabinal. Colgó su ropa en las ramas de los sabinos junto al río y entró al agua. Disfrutó un rato de la frescura y dio unas brazadas. Después, sobre una piedra, comenzó a enjabonarse.

Entonces, detrás de él escuchó unas palmadas. Volteó de inmediato; no había nadie, pero vio que las hierbas se movían como si alguien se ocultara. Continuó su baño con cierta timidez y precaución porque supuso que lo espiaban. Escuchó de nuevo las palmadas y un silbidito como de invitación...

Se quitó el jabón de la cara y volvió a zambullirse. En eso, una bella joven salió de entre las aguas frente a él: ¡bonita, la malvada!

El muchacho nadó hacia ella sin alcanzarla. La mujer apareció detrás del tronco de un sabino. Nicho se olvidó por completo de las consejas y las recomendaciones y se lanzó justo al lugar donde aquella cara hermosa sonreía y sus ojos guiñaban.

Pero Tisigua se salió de inmediato del agua y recogió el sombrero que Nicho colgó en una rama, cerca de su ropa. Saltando sobre el joven le embutió el sombrero hasta media cara; empezó a escurrir miel y luego agua lodosa con olor a azufre.

Con carcajadas y golpes de las manos sobre sus propios muslos, la mujer celebraba su victoria. Él quiso defenderse, gritar para reclamarle, pero no podía hablar con claridad. Mientras él balbuceaba, ella desapareció.

Nicho recogió su ropa y se la puso "como se la pondría un tonto". Llegó a su casa muy tarde porque no recordó el camino. Los vecinos salieron en su busca; al regresar sin haberlo hallado –por el camino acostumbrado– ya estaba el curandero rameándolo en presencia de su madre. Él se veía como alelado.

—Señor de las Ampollas, Señor de Esquipulas, devuélvele su persona a este cristiano —decía el 'men. Eran buches y buches de aguardiente sobre su cara, sus brazos, su cabeza y Nicho seguía en tal estado.

—Virgen de Copaya, Virgen de Olachea, que se vea su milagro. San Marquitos de Tuxtla, San Agustín de Tapachula, San Pedro de Tapana, Pasión Verde de Chacotepec...

Doña Micaela calentaba y recalentaba el café para su hijo y éste "no volvía a su ser". Don Crispín, especial para curar "espantos", seguía invocando sin provecho. San Sebastián de Chiapa, cúralo... San Caralampio de Comitán, apiádate... San Pascualito, sánalo...

Pero Nicho nunca sanó. Ahora pide de casa en casa su comida por los ranchos y las calles de Terán, y cuando le dan algo, ríe con su mueca tonta hacia arriba, como si viera a algún aparecido.

Dice la gente que al recibir un bocado, Nicho piensa que la Tisigua es quien le da y él agradece con la sonrisa de su razón perdida.

El grillo y el tigre

Cerca de Izapa –localidad chiapaneca vecina de la frontera con Guatemala– oí llamar "Coronel" al Grillo, y "General" a Balam.

Interesada por los curiosos grados militares de estos personajes, comenté, indagué, y aquí está la historia:

Los animales de la selva y hasta los mismos hombres saben desde el principio que Balam es el rey. Sí, el Tigre, Ocelote o Jaguar es el invencible por su poder, su fuerza y su presencia.

Los pequeños del bosque: saltones, como el grillo y la rana; rastreros, como los gusarapos, las lombrices de tierra y las cochinillas; volantes, como el avispón, el jicote y el tábano, además de las moscas y los mosquitos, eran constantemente rechazados, menospreciados, ignorados o aplastados por los grandes. Se quejaban y trataban de defenderse, pero el Tigre aconsejó a los grandes que los persiguieran, los maltrataran, los golpearan con el fin de destruirlos. Aquello se volvió una guerra sin cuartel, se estableció una guerra de guerrillas.

Hasta que un día... el Grillo libró a una catarinita de ser pisoteada por un tapir malintencionado. El padre de la catarina –que era mago– le agradeció al Grillo el salvamento de su princesa y luego comentó:

—No sé qué haríamos los pequeños si no hubiera paladines entre nosotros. ¡Valemos tan poco! ¡Somos tan insignificantes!

—Podríamos unirnos para defendernos —propuso decidido el Grillo.

—Hay que hacer una alianza, olvidar nuestras diferencias, dejar nuestra discordia y esconder nuestra envidia —dijo don Catarino—; si logramos unirnos, no podrán vencernos.

El Grillo tomó la responsabilidad de unir a los pequeños y atacar sin descanso a Balam, al tapir, al gato montés, al venado y a todos los demás que "se pasean como dueños del mundo".

El Grillo comentó que si los piquetes, zumbidos y gritos son molestos, con esas armas podían atacar a los grandes y vencerlos. Don Catarino, el mago, se encargó del conjuro que haría más fuertes las voces y los zumbidos, así como que los piquetes ardieran más.

Balam rugió y los poderosos de la selva acudieron y lo nombraron "General"; éste les aconsejó no amedrentarse.

El Grillo ordenó ataque constante a todos y por todos lados. Picar y picar sin piedad desde las patas hasta la cabeza, la trompa, las orejas y la cola, al tiempo que los zumbadores y gritones aturdían a los grandes al punto de enloquecerlos.

Los grillos menores y las cigarras frotarían con fuerza sus instrumentos ensordecedores; los mosquitos, las moscas de la fruta, los abejorros y los jicotes afilarían sus lanzas y activarían su veneno.

El ejército de Balam se adelantó dispuesto a vencer, pero los pequeños –siguiendo los consejos y bajo la supervisión del Grillo– picaron a los grandes; éstos se rascaron y se rascaron hasta reventarse la piel, sangrar de las pezuñas y garras, lastimarse los oídos al tratar de tapárselos contra el ruido. Sus ojos irritados manaron lágrimas que les impedían ver por donde era mejor huir. Los pequeños los persiguieron hasta que cada uno se fue por su lado.

Cuando decidieron volver, el Grillo se enseñoreó sobre una peña y empezó a llamar a los pequeños con su sonidito insistente.

Balam se adelantó y propuso además que cada uno cumpliera su función en la Tierra, pero que cada cual respetara a los demás.

El Grillo aceptó el trato; los saltones, rastreros y volantes estuvieron conformes.

Entonces nombraron "Coronel" al Grillo. Éste vigila desde su peña adelantada y todos, grandes y pequeños, viven en armonía.

El duende y las hamacas

La leyenda del duende es la responsable de que la gente de la costa de Chiapas no pase la noche en la hamaca, la cual es el lecho especial de las regiones cálidas: aérea, móvil por sí misma, mece, envuelve y arrulla con el tractrac del roce de la cuerda sobre la madera –árbol o viga– donde está asegurada. Ha sido siempre indispensable para el descanso nocturno en esos rumbos; sin embargo, hace tiempo que la hamaca se usa en el día y en la noche ¡se recoge!

Se cuenta que un nativo de Juchitán, Oaxaca, trajo de su tierra una hamaca de lo más amorosa y confortable, y claro está, dormía en ella, causando la envidia de los demás peones. Pasaba todas las noches meciéndose, dormido plácidamente entre sus hilos, hasta que una noche:

..."un ser invisible movió la hamaca del tehuano a su gusto y antojo"... Parecía que un viento huracanado llegaba. El hombre se inquietó al parecerle ese movimiento fuera de lo normal, pues nada del contorno se movía. Abrió bien los ojos; al no ver a nadie pensó en algún ser misterioso, en un espíritu que lo columpiaba. Los impulsos eran cada vez más fuertes y la hamaca se azotaba contra las paredes de vara, luego rozó el techo de palma de la palapa en que dormía. Tuvo miedo:

—..."de los vivos, yo me defiendo" —reflexionó y se dejó caer al suelo antes de ser lanzado. En ese momento sintió "clarito" que alguien lo empujaba.

Los demás peones que dormían cerca oyeron el golpe y acudieron a auxiliarlo; al saber su versión del asunto, muchos se rieron de sus "pesadillas", pero uno comentó con voz de sabio:

—Cuando alguien se muere en una hamaca, su alma no deja que otro pueda acostarse en ella...

Luego todos rieron y tomaron comiteco (licor de Comitán), pero desde esa noche nadie durmió tranquilo. El supuesto difunto dueño de la hamaca del juchiteco –quien ya no la usaba– no había sido el culpable: existía alguien más, alguien invisible, ¡el duende! El duende se molesta con el trac-trac de las hamacas en la noche...

Desde esos días, la leyenda del duende se propaló, las madres se amedrentaron y asustaron a sus hijos; la creencia se extendió a tal grado que hoy en esa zona las hamacas se usan en el día para descansar ventilándose en las tardes –para la siesta fresca del trópico–, pero en las noches... ¡se alzan y se amarran sobre sí mismas para evitar que el duende venga a moverlas y ponga en peligro a los durmientes! Esa gente duerme en el suelo en costales o esteras, o bien consigue un catre, nunca tan confortable y propio para el clima como una hamaca, pero así se libran de que el duende, atraído o molesto con el trac-trac continuo, "venga a hacer un perjuicio".

Unos dicen que han visto al duende como un hombre espantoso y descarnado, otros aseguran que es un enanito como gnomo, cuyos enormes brazos adquieren una fuerza descomunal para sorprender en las noches a los que duermen en hamaca y lanzarlos al suelo.

Ya sea que se presente en una u otra figura, todos están seguros de la existencia de ese ser sobrenatural y tratan de evitar su presencia.

La Virgen Generala

Corría el año de 1712. Chiapas pertenecía a la Capitanía General de Guatemala. La capital, entonces llamada Ciudad Real, vivía días de angustia porque contaba con 32 pueblos sublevados.

Se realizaron hechos heroicos de ambos lados. Al fin, un refuerzo de 600 soldados llegó de la guarnición militar de Ciudad Real. El comandante era muy devoto de la Virgen. Ante la desventaja de los suyos en número de combatientes, la invocó pidiéndole su ayuda.

Cuando la lucha arreciaba, los atacantes empezaron a huir, con lo cual vencían las tropas regulares.

Uno de los jefes rebeldes les reclamó su derrota a pesar de que eran tantos contra los defensores de Huixtla. Los vencidos explicaron que eran menos los soldados, pero que, tras aparecer una gran señora en la torre de la iglesia, les arrojaron flechas y pedradas desde lo alto, causándoles heridas y muertes.

A la hora que el devoto se dirigió a la catedral a dar gracias por la ayuda divina, sus acompañantes prisioneros y pueblo sometido señalaron la imagen de la Virgen de la Cari-

56

dad, venerada en una capillita interior, como la causante del envío de los proyectiles.

El caso milagroso –sobrenatural– se le propuso a Guatemala y de allí pasó a conocimiento de España. Desde entonces la Virgen de la Caridad es la protectora de Chiapas, con el título de Generala y patrona de la ciudad.

En su catedral ostenta la banda de Generala puesta en su hombro izquierdo al costado derecho. En el brazo izquierdo sostiene al Niño Jesús ¡con un bastoncito de mando militar!

Las piedras haraganas

Hace cientos de años, el pueblo de Chamula no aceptaba entre sus vecinos más que indígenas, descendientes sin mezcla de los primitivos pobladores. Por tanto, no vivían allí blancos ni mestizos –castellanos y ladinos, a su decir–, cuya presencia ocasional se debía sólo al comercio o a alguna visita completamente necesaria y brevísima.

Entre la población "india" se asentaron algunos negros cimarrones –por mal nombre "baguales"–. Muchos esclavos de las fincas cafetaleras o cañeras de la región huían al campo con peligro de ser "cazados" o encadenados por los vigilantes; se perdían entre la maleza de los

57

montes y, si daban con algún camino, llegaban a los poblados ínfimos del rumbo y buscaban acomodo entre los naturales. De este modo arribó Sempronio al pobladito de Chamula. Por supuesto que había sido bautizado como José antepuesto a Sempronio, igual que los demás Josés —hijos de esclavos negros o de indios en encomienda que además compartían el apelativo de su amo.

Sempronio era temido y respetado porque dio pronto señales de ser sabio, hechicero o alguien "muy entendido". Decían que con sólo la vista podía quitar la vida; que tenía una especie de coraza donde botaban los males que otro le deseaba... que "ni bala ni flecha traspasaban su cuerpo"...

De acuerdo con esa primacía que adquirió con su fama legendaria, Sempronio opinaba en todos los asuntos y las resoluciones importantes de Chamula; por tanto, sobre cuando se levantaría la iglesia titular.

El negro tomó el camino y un numeroso grupo de personas iban tras él. Se detuvo frente a una Cruz —la misma que hoy se encuentra sobre un pedestal— a unos 40 metros del templo de la actualidad.

La gente hizo lo mismo, Sempronio realizó una gran inspiración, volteó la vista al cerro y empezó a chiflar. Al oír este llamado, las piedras del monte se volvieron carneros y bajaron tras un macho negro malencarado y fortachón que, a los pies de Sempronio, se convirtió en una piedra.

Los demás carneros también recobraron su forma original y al cabo de unas horas, hubo un montón de piedras para el templo.

Entonces Sempronio chifló de nuevo. Las piedras de otro cerro se transformaron en carneros blancos, llegaron hasta el poderoso hechicero y formaron un gran montón de piedras blancas...

Mas el cerro del sur, a la izquierda de la carretera hacia Chamula, no soltó sus piedras; éstas permanecieron allá a pesar de los chiflidos del negro. La gente, indignada, empezó a gritar:

—Chaján canvitz. Chaján canvitz... —que en idioma nativo quiere decir "Cerro de piedras haraganas".

Desde ese día el cerro se conoce con ese nombre.

El ámbar

El ámbar se formó debajo de la tierra con destellos de sol, sangre y dolor del tiempo, cuerpecitos perdidos de algún insecto próximo a desaparecer que huía de la muerte.

La resina que lloraron aquellos árboles antes de perecer sobre las hojas del abundante guapinol (leguminosa prehistórica) –hace millones de años– se cuajó en el olvido oscuro y se guardó para el mañana sin promesas.

Su aroma es dulce; a veces quiere ser copal para saber de ofrendas y arde formando un arco iris de luces...

El ámbar es muy estimado como amuleto y su polvo como remedio en la zona chiapaneca. Los yacimientos de Simojovel son ricos en ámbar color vino... Hay en Chiapas otros depósitos de ámbar negro, verde musgo, opaco, jaspeado. Se recoge en Huitiapan y en Totolapa. Los agricultores aprovechan "las secas" para arrastrarse –hincados– por las minas, en pos de su riqueza; pero... ¿cómo se descubrió la existencia del ámbar?

La leyenda indica que hace cientos de años, un vecino de San Cristóbal se encontró por un camino a un ancianito que le pidió socorro porque no tenía qué comer.

Aquel hombre compartió su comida con el necesitado y éste, al despedirse, le profetizó:

—Bajarás al río este próximo Hábeas... irás de noche. Rezarás un padrenuestro y un avemaría. Cuando canten los gallos meterás la mano al río: él te dará riquezas... ¡Guardarás el secreto!

Así lo hizo entonces, según el consejo, y notó que en el agua del río se hallaba algunas gemas. Arrimó a su mula y juntó un cargamento de ámbar. ¡Era ámbar lo que el agua llevaba!

Una vez cargada la mula "más que poco" y sus espaldas "nada mucho", se encaminó a la población. Allí vendió su carga, tuvo para sembrar toda su milpa –que era grande– e hizo fortuna.

Un compadre envidioso trató de hacerle confesar el origen de su riqueza, pero el afortunado recordó la recomendación de su benefactor acerca del secreto y le dio largas. El compadre insistió primero y luego amenazó al amigo, por lo que éste le dijo solamente:

—Un viejo limosnero que anda por los caminos de Simojovel... —y el compadre, movido por la codicia, no esperó más. Salió en busca del anciano; al encontrarlo le aventó un pan y le advirtió:

—Este pan tiene precio: quiero ser rico como mi compadre.

A pesar del "mal modo", el anciano le reveló el secreto.

Esa misma noche el compadre fue al río. No rezó. Metió al agua las manos –abriendo y cerrando con ansia–. El río empezó a verter piedras y él a rodearse con ellas. Y más. Y más... cuando se dio cuenta no podía moverse; estaba sepultado bajo el ámbar y no pudo salvarse.

Unas peñas cayeron alrededor y formaron un hoyo para ocultar todo debajo de la tierra. En ese lugar está la mina de donde se extrae el ámbar.

Capítulo III
Campeche

Un ramo de flores

¡Tierra, tierra, se ve tierra!
Qué invitación tan prometedora –para los exploradores-conquistadores– adueñarse del bello ramillete florido que se asomaba al mar!

Un ramo de flores que asoma sobre el mar, en la costa, se adelanta con su follaje de gigantescas palmeras y grandes árboles selváticos... con magnolias enormes llenas de estrellas blancas, blanquísimas, que forman como un ramillete...

La traducción del Búcaro de Flores —Ah Kin Pech— es el antecedente de la deformación española Campeche.

Pues bien, los conquistadores entraron a la costa campechana, bajaron de sus naves y en la misma bahía los recibieron los guardianes mayas encabezados por el feroz Moch Couoh. Era el año de 1517. Excuso decir que la "suerte" fue tan adversa para los españoles que llamaron al sitio "Bahía de la Mala Pelea".

En 1540, Montejo hijo, llegó a Champotón decidido a someterla y lo logró. Después de Ah Kin Pech, conquistó A-Canul...

Dicen los creyentes que era muy devoto de San Francisco; le pidió ayuda en su afán de propagar la fe el y santo de Asís le concedió el triunfo.

Entonces fundó, el 4 de octubre de 1541 —sobre la vencida ciudad que se asomaba al mar ofreciendo su atractiva belleza vegetal—, la Villa de San Francisco de Kam Pech, hoy Campeche.

De allí prosiguió el dominio de Tenabó, Hecel Chak y Calkiní.

Pronto, la nueva perla del balcón al mar fue pasto continuo de la piratería que la asaltaba cada vez con mayor frecuencia, astucia y codicia. Los piratas ingleses, holandeses, portugueses y franceses atacaban las naves españolas defensoras entonces de la rica plaza. Esta circunstancia determinó enemistades y dificultades internacionales –entre Inglaterra, Portugal y otros corsarios con España.

Casi a finales del siglo XVII, los campechanos seguían soportando los embates piratas; por lo que en 1685, el gobierno de la Colonia decidió amurallar la ciudad. La construcción terminó en 1704.

Nueve pozos de agua

Tras los montículos que están en dirección de Sierra Alta, al norte del oriente de Campeche, se halla el pueblecito llamado Bolonchén (Nueve Pozos), hoy de pocos habitantes y escaso movimiento comercial, pero de interesantes centros turísticos.

Nueve Pozos es rico en tradiciones y leyendas, muy apegadas a la mentalidad mágica de la cultura maya.

Bolonchén guarda entre sus más entrañables cuentos de misterio el del "Chivo Brujo" que aún recorre las antiguas murallas de la ciudad de Campeche...

El poblado se fundó donde los primeros habitantes, guiados por un sabio, hallaron nueve pozos. ¡Nueve hermosos cenotes (dznot) fueron labrados por el poder divino para recoger el agua de la lluvia!

Y tuvieron que batallar para ser dueños del lugar. Después, seguir luchando para conservar el privilegio de su propiedad. Así tuvo que suceder por algún tiempo.

Cuentan que su jefe era un joven y valeroso guerrero que se distinguía en las luchas. Trataba de ganar para su tribu ese lugar en el mapa de los imperios derrocados, de los antiguos reinos abandonados.

Había en el pueblo una gentil doncella amada por todos; era hermosa y hablaba con suprema bondad. Poseía un alma transparente y su voz tenía el acento de los manantiales, su nombre era Xunaán.

Y he aquí que el aguerrido paladín, el guerrero invencible, fue vencido por el amor: desde que la vio, el joven no tuvo ya más interés ni pensamiento que la doncella Voz de Manantiales. La amó con toda su alma y toda la fuerza de su corazón. Cada momento era para él largo si no podía verla; necesitaba su amor para ofrecerle sus triunfos.

Ella también lo amaba, pero su madre, temiendo que el guerrero le arrebatara para siempre a su prenda, la escondió en una gruta que nadie conocía.

Se acabó la alegría del jefe y el bienestar de su pueblo. Se olvidó de la guerra; rogaba a los dioses que se la devolvieran. Envió emisarios a buscar a Xunaán por todos los senderos, pero volvían agotados y sin noticias.

Un día apareció un pájaro de hermoso plumaje sobre las mujeres que lavaban cerca de un pozo, sacando agua con sus bateas para remojar la ropa; a lo lejos se escuchaba la inconfundible voz de la doncella en el fondo de una gruta prodigiosa, afuera de Bolonchén Ticul. Allá se dirigió el guerrero con toda su gente siguiendo al ave mensajera que desapareció cuando la comitiva estuvo frente a un lugar que semejaba una boca entre las rocas. Se trataba de un sitio estrecho y con pendiente; apenas había un sendero abierto. El amor lo empujaba y no temió en bajar el hondo precipicio de rocas salientes que brillaban como columnas de cristal a la luz de las antorchas que la gente encendió para ayudar al enamorado.

Y a la luz de las antorchas, ante los hombres y mujeres que lo acompañaron, apareció Xunaán con toda su belleza y prodigio.

El amor venció. La alegría volvió al pueblo, pues el poder de la bella Xunaán renació lo que tocaba.

Y dicen que en las noches, después de tantos siglos, el enamorado aún llega hasta el cenote de Xtacumbil para escuchar la voz de su amada Xunaán, o Señora Escondida.

Hanincol, la comida ceremonial

Esta comida que en maya se llama hanincol es a la vez una ceremonia realizada en la milpa –sembradío o plantío–, durante la cual el 'men o hechicero ruega a la divinidad o la desagravia por alguna falta o inconsecuencia cometida.

Asistí con un amigo a una hanincol y todo me pareció curioso y extraño; un evento que no se ve por otros rumbos.

Esta comida constituye un acto religioso que proviene de costumbres antiguas.

Llegué al pueblo a caballo y en la puerta de la casa indicada estaba ya mi amigo esperándome, aunque apenas amanecía. Él estaba muy apegado a su tierra y era un buen conocedor de las costumbres y tradiciones populares, ante las cuales debía mostrar respeto.

Después del desayuno –café negro con pan–, me llevó a la casa del 'men. Este personaje, para mí un poco extravagante en su apariencia, nos recibió con desconfianza.

—Hoy será la fiesta —me dijo—, ¿te vas a santiguar?

—¿De qué se trata? —pregunté al comprender que no sería algo agradable, por lo menos normal.

—¿Quieres, o no aceptas?

—Sí quiero —afirmé. Mi acompañante se quedó sorprendido con mi respuesta; su azoro aumentó mi temor, pero ya había aceptado la "santiguada" y me obligó a someterme. Se trataba de un baño con hierbas y amuletos durante el cual el 'men hacía ademanes, rituales y conjuros.

Una vez santiguada y oliendo a hierbas "buenas" –romero y ruda–, caminé con el 'men y mi amigo hasta el brocal de un pozo abandonado, mientras se cumplía no sé qué plazo. Pregunté acerca de la comida de milpa o hanincol y el hombre, dándose importancia, me contestó:

—No temas, con esta hanincol se quitan los enojos de los dioses.

—Es como un desagravio ¿no? —intervino mi amigo.

—El hijo del dueño de esta tierra está muy enfermo —dijo solemne el 'men–, porque Nohoch Tat (Gran Señor o Nuestro Señor, Nuestro Padre Celestial) está disgustado.

Entonces mi acompañante me advirtió que debía aprenderme los nombres de los vientos –¡en maya!– para decirlos en los momentos debidos durante la hanincol. Y estuve repitiendo y repitiendo sonidos y expresiones completamente desconocidos durante el recorrido hacia la casa del enfermo.

Allí estaba, ardiendo en calentura, tendido en una hamaca. El 'men le ofreció un tarrito con pozole mohoso endulzado con miel y el muchacho lo bebió sin chistar.

Mientras el remedio hace efecto, se prepara la comida para la hanincol: al moler maíz y frijol cocido y semillas de calabaza tostada se hace la masa para formar nueve bolas; ésas bolas se llevan a una fosa dispuesta con piedras ardientes, pues se cuecen como panes, envueltas en hojas de plátano o de roble. Se hace atole (bebida de harina de maíz, cocida y endulzada) y se cuecen pavos y gallinas.

En una mesa principal se coloca una cruz cristiana, tres velas grandes, tres medianas y tres pequeñas. Se prepara incienso, albahaca, ruda, flores, golosinas y tabaco. A esa mesa se llevan los alimentos y el 'men los bendice presentando la cruz a los cuatro vientos; rocía a los cuatro rumbos con miel y balché (bebida local).

Ya cocidos los nueve panes, se reparten. El 'men distingue a los privilegiados con enormes cigarros puros y se les permite fumar.

Los niños reciben alimentos de mano del 'men y como asisten en representación de los aluxes, no deben tocar nada.

Se espera el día siguiente, pues durante la noche, el Dueño del Monte (divinidad ancestral) tendrá un banquete con los verdaderos aluxes, sus hijos, y éstos fumarán con él. Mientras, los convidados consumen los alimentos y el balché.

Para el amanecer el enfermo debe estar curado y aparecer ante la concurrencia. Así termina la hanincol o Comida de Milpa.

¿Será la magia lo que curó al muchacho o la buena dosis de penicilina que el 'men le proporcionó en el moho del pozole?

Si algún día estás indispuesto, puedes acudir, probar y decidir la causa de tu curación. ¿Irás?

73

El canancol

No es un espantapájaros ni un juguete olvidado en el centro de un campo de henequén, de una gran milpa o de una propiedad extensa; el canancol es un personaje tan importante como un familiar, casi como un hijo, ya que lleva ¡nada menos que la sangre de su dueño!

Un canancol se genera después de un proceso complicado y ritual que existe desde tiempos muy remotos y está en manos de los hechiceros, sacerdotes u hombres "sabios y buenos", cuyo título en maya es el de 'men. Este singular canancol, que la fantasía y la fe tradicional convierten en leyenda, tiene poderes mágicos "y más fidelidad que un perro" como guardián de las propiedades.

Se elabora un muñeco con la figura de una persona y se le cubre con la cera de nueve colmenas.

La figura se completa con ojos de frijol, dientes de granitos de maíz, uñas de "ibes" (frijolitos blancos muy pequeños) y se viste con "holoch", hojas de las mazorcas. El 'men, por supuesto, supervisa la confección.

Cuando está listo "el cuerpo" se sienta –sobre nueve trozos de yuca– en medio del sembradío que se le encomienda; mientras, el 'men invoca el poder divino y la intervención de los vientos buenos para que sean benévolos con "el que será padre" (el dueño del terreno).

El canancol ya colocado se ensalma con hierbas, se presenta al dios Sol y se invoca al Señor de la Lluvia. Se queman hierbas y se mantiene el fuego durante una hora. Se reparte balché a los presentes.

En ese momento el sol debe estar a medio cielo o cenit. El brujo corta en el dedo meñique del amo y vierte nueve gotas en la mano del canancol, que tapa de inmediato diciéndole al muñeco:

—Éste es tu amo, canancol, a él le debes la vida. Le debes obediencia. Cuidarás y defenderás este terreno. Aquí está el arma para castigar a los ladrones —y coloca ceremoniosamente una gran piedra en la mano del muñeco.

Mientras nace y despunta la siembra, el canancol se cubre con "honoch", pero al llegar los días de la cosecha, se le destapa para que pueda actuar.

Dicen que el que se acerca a robar, recibe pedradas y si se trata de un depredador, rata, tuza u otro animalillo, aparece muerto en el entorno, su "castigo" se atribuye a la intervención del canancol.

En las noches, se para de su asiento y camina por el sembradío; para no sentirse solo, "silba como un venado". Si el amo visita su propiedad, silba en la misma forma para que su "hijo" lo reconozca y lo deje retirar la piedra. Después, al partir, coloca la piedra en su lugar y vuelve a silbar como despedida.

Al día siguiente de la terminación de la cosecha, con el terreno libre, el dueño hace una comida en honor del canancol. Con la cera de su cuerpo se hacen velas, se prenden en agradecimiento a los dioses antiguos, o bien, se llevan a la iglesia más cercana, para colocarse en el altar de la Providencia o ante el Santísimo.

El velo en la playa

En uno de los pequeños puertos de pesca de la costa campechana, vivía un honrado viejo pescador; tenía una hermosa hija llamada Marina con quien compartía su vida y a quien amaba con ternura. En el muelle y en el poblado, todos los respetaban.

Marina vivía triste, a pesar del amor y la fortuna de su padre; aun teniendo a sus pies una de las playas más propias del ensueño que acaricia ese mar.

77

Ramón, el piloto de la *Rafaela*, estaba enamorado de Marina, pero nadie sabía sus sentimientos porque él siempre tuvo temor de confesarlos.

Sin embargo, como le intrigaba la melancolía de su amada secreta, no perdía palabra ajena que lo llevara a conocer el origen de aquella tristeza.

La gente decía que Marina vivía sin alegría porque estaba enamorada de un joven rubio que llegó por el mar y entró a su casa...

Que se presentó un día como el hijo del primer capitán que tuvo su padre.

Que lo conoció durante las fiestas de san Román en donde se venera al Cristo Negro, protector de los marineros...

Que el joven le habló a la linda playerita de amores y ella correspondió... que en algún viaje próximo hablaría con su padre para casarse con ella... frente al Cristo Negro, tal vez...

Desde entonces, ella esperaba cada amanecer tratando de descubrir en el horizonte el saludo blanquísimo de la vela extendida sobre la nave en que llegaría el resplandor dorado de su cabellera, rodeando su rostro bienamado...

Y un día la barca arribó al muelle y el joven rubio descendió, y los enamorados se encontraron en la playa, hablaron y se amaron.

Pero él volvió a partir. Marina sollozó frente al mar hasta perder el sentido. Su padre la encontró sobre la arena. La fiebre la hizo delirar y el delirio la movió a confesar su historia.

El viejo pescador fue a hablar con su antiguo capitán, padre del rubio enamorado. Mas el dueño de su primer barco, tomó la historia como una más de los hombres de mar en que sólo se comenta: "Las chicas de los puertos son tan soñadoras y tan románticas, tan dulces para amar..." Después de un largo trago y dos bostezos, respondió con voz pausada:

—Amigo, tu historia pasará a la historia como una historia más, y será historia... Mi hijo me pidió varias veces que fuera a hablar contigo; yo le di largas y disculpas. Por último, decidí enviarlo a Barcelona; allí pasará algunos años; mientras olvidará ese tonto capricho y envolverá en las brumas del olvido la imagen de "su chica de la playa".

Pero esa chica de la playa no era como las demás chicas de los puertos, era *su* hija adorada, su Marina... El viejo pescador quería morirse, decepcionado ante el resultado de su entrevista, lloraba frente al mar dejando subir lentamente el humo de su pipa, que según la creencia popular tiene la virtud de "secar penas"...

Ramón, aquel piloto de la *Rafaela*, el siempre enamorado de Marina, se encontró al padre de ella una tarde; se acercó para consolarlo y él le abrió entero su corazón. Entonces Ramón confesó su amor secreto y ambos planearon un posible casamiento si Marina aceptaba, pues Ramón la adoraba a pesar de su historia. Ella podría olvidar al rubio ausente en los brazos que se tendían ansiosos por estrecharla.

Al día siguiente habló con la muchacha y le pidió que fuera su esposa. Le prometió que emigrarían si ella temía ser pasto de las lenguas; empezarían su vida en otro puerto...

Ellos no comentaron sus planes y se efectuó la boda. Hubo fiesta y banquete. En la celebración de sobremesa, mientras Ramón departía con los convidados, ella salió a la playa para mirar el horizonte... Se quitó los zapatos blancos para sentir el agua en los pies...

Cuando Ramón salió a buscarla sólo encontró los zapatos de raso y el velo de la novia tendido sobre la arena de la playa.

Alguien dijo que vio cómo la joven desposada subió a una barca extraña y desapareció entre un reflejo de oro.

Capítulo IV
Yucatán

Una buena tierra

Quintana Roo es la parte más oriental de nuestro suroeste. Perteneció en la antigüedad a la cultura "llegada del sur" y asentada en la península por indicaciones del conductor Zamná.

Por la ley de 1902, fue separada de Yucatán. Para facilitar el "sometimiento de los mayas rebeldes" fue declarada dependiente del gobierno central. Así siguió después de la independencia hasta que en 1974 se le dio la categoría de Estado.

Asomado al transparente azul caribeño, se manifiesta en ruinas adelantadas y vigilantes

del horizonte como Tulum, la ventana por donde llega la noticia astronómica para la siembra, como inicio y sustento de la vida...

Brota vida o qué es lo que brota en esas islas incomparablemente bellas; cuna, asilo y santuaro de las aves, asiduas o migrantes, cuyas plumas supieron de los regios penachos y significaron lujoso aporte en los tributos...

Cancún y Cozumel, Playa del Carmen, Chetumal, son parte de su carne...

Nos regala el santuario de la diosa Ixchel, patrona de la vida, protectora de las madres antiguas, cuyos numerosos exvotos provocaron que los conquistadores dieran tal nombre a la isla de Mujeres...

Sac-Nicté

Estaba determinado que Chichén de los Itzáes fuera abandonada y quemada.

Estaba dicho que la triple alianza terminara el día de la boda de Sac-Nicté.

Estaba escondido el destino de los príncipes que debían cumplirlo:

Sufriría Uxmal y también Mayapán para permitir que la historia de los pueblos amigos cambiara en los caminos del Mayab.

Hacía tiempo que Uxmal y Chichén Itzá tenían amistad, cuando Mayapán pactó alianza con ellos. El objetivo de la triple alianza era poder vivir en el Mayab con la paz de la comprensión, del respeto y la ayuda recíproca.

Reinaba en Mayapán el poderoso Hunacel, cuando su esposa, la reina Estrella Color de Oro –en el mes de Moran, el más bello de los meses del calendario maya–, dio a luz a la princesa Blanca Flor, cuyo nombre en la lengua de esos días, se decía Sac-Nicté.

Su día anunciaba un cambio extraordinario, un destino que el mundo de los mayas no conocía y tenía que cumplir.

Por entonces, los monarcas aliados tenían, cada uno, un hijo.

El príncipe de Uxmal, heredero de los Itzáes –cuya visión unió a las tres ciudades– se llamaba Ulil. Era un entusiasta seguidor de las tradiciones de su cultura y capitán esforzado en los preparativos de defensa de las ciudades de la unión.

El príncipe Canek era el hijo predilecto de los Itzáes; pertenecía al grandioso reino de Chichén, la maravillosa "ciudad de ciudades", "altar de la sabiduría", poseedora de los templos y las cosas más bellas.

En ese tiempo, los Hijos de la Luz, los antiguos y orgullosos Itzáes, "habían dejado de tener alas de oro" y se habían convertido en serpientes negras; tal era el nombre actual de los reyes: Canek.

Y ése era el último Canek.

El príncipe Canek fue elevado al trono a los 21 años...

A los siete años sus manos deshicieron una mariposa y quedaron llenas de polvo de colores..., esa noche Canek soñó que era un gusano.

Cuando dobló esa edad, sacó un venadito de una trampa y, con un cuchillo, le extrajo el corazón para ofrecérselo a los dioses malos de los brujos. Esa noche soñó que se convertía en tigre.

Al completar tres veces los siete años, fue nombrado rey.

En ese momento conoció a Sac-Nicté. No soñó aquella noche porque su vista se nubló con el primer llanto de sus ojos. Así se transformó en un hombre triste.

A los cinco años, la princesita Sac-Nicté dio de beber a un peregrino sediento; en el agua se reflejó su rostro y de la jícara brotó una hermosa y perfumada flor blanquísima.

Cuando dobló esa edad rescató una paloma perdida en el maizal y, besándola, le concedió la libertad.

Al cumplir los 15 años, asistió con su padre a la reunión solemne de Itzamal. Allí, según la costumbre, debían purificar su rostro ante Zamná. Concurrirían igualmente los reyes y los príncipes aliados.

El rey de Uxmal había ya hablado con el padre de Sac-Nicté para comprometer a sus hijos en matrimonio.

Ulil, príncipe de Uxmal, asistió a la ceremonia; pero los ojos de la bella princesa se encontraron con los ardientes ojos del apuesto Canek. Ambos conocieron de inmediato su trágico destino, mas callaron y la vida siguió.

Todos los concurrentes sintieron un vuelco en las entrañas al sorprender la sonrisa de la bella Sac-Nicté, correspondiendo a la mirada de la Serpiente Negra, el joven rey Canek.

También se dieron cuenta de la mueca amarga del soberano de la incomparable Chichen Itzá, y presenciaron cómo cerró los puños para golpearse el pecho.

Después, Chichén Itzá estuvo de festejo en las plazas y en la mansión de los poderes para celebrar el día en que Canek había sido designado rey.

Faltaban 37 días para celebrar la boda de Ulil, príncipe de Uxmal, con la princesa de Mayapán, cuando el rey Canek recibió el anuncio del compromiso de sus dos aliados.

—Hunacel, su aliado, señor de Mayapán, convida al rey Canek a la fiesta de bodas de su hija —dijo el embajador.

—Diga vuestra merced al rey, que allí estaré —respondió el rey con los ojos fijos en la distancia.

Al día siguiente, llegó ante su real presencia el enviado de Uxmal:

—Ulil, nuestro príncipe, se honra en pedir al rey de los Itzáes que lo acompañe en su mesa de bodas. Espera tenerlo cerca como amigo y aliado en la ceremonia que lo unirá por siempre con la princesa descendiente de los Cocom, señora Sac-Nicté.

—Vuestro príncipe me verá ahí ese día —dijo Canek con la frente sudorosa y las manos crispadas sobre el rico ropaje.

En la mitad de la noche, el rey de los Itzáes recibió un tercer mensaje; mas éste no fue encargado a ningún embajador, sino...

Canek estaba contemplando las estrellas reflejadas en el agua, tratando de investigar la forma de evadir su destino, cuando un singular personaje apareció ante él. Un enanito anciano se acercó para hablarle al oído:

—Canek, la Flor resplandece entre las hojas frescas. ¿Dejarás que otro la arranque y se la lleve? —le dijo, y en cuanto pronunció estas palabras, desapareció en el aire y se perdió debajo de la tierra.

En Mayapán se hacían suntuosos preparativos para el día de la boda: flores y caminos barridos, flores y casas lavadas, flores y guirnaldas de ramaje sobre los edificios...

Además, se labraba una estela con la efigie de la princesa al lado del perfil de quien sería su esposo. Bajo dichas figuras, un letrero anunciaba el comienzo de la mayor grandeza de Mayapán con el advenimiento de la unidad indisoluble de los pueblos...

De Mayapán a Uxmal se extendió la procesión que seguía al venerado Hunacel en el camino para celebrar la boda de su hija.

En Uxmal habían colocado ya la piedra labrada con las dos figuras y el buen augurio para la raza. Se coronaron con guirnaldas de flores las cabezas del relieve de los contrayentes y se esparcieron aromas por doquier.

El impaciente Ulil esperaba con ansia la llegada de su prometida.

El príncipe salió a las puertas de Uxmal acompañado de los nobles y la gente importante: guerreros, sacerdotes, sabios.

En la antigua ciudad, todos danzaban y cantaban por las calles y plazas; "las plumas de faisán y las cintas de colores se mezclaban con la comitiva".

Ulil contempló, al fin, a la bella princesa, pero sintió dolor cuando descubrió la tristeza de sus ojos.

¡Estaba por cumplirse un destino que los mayas ignoraban!

Los sacerdotes y los sabios adivinos estaban recluidos en el templo, pues no les era permitido trastornar los designios de la divinidad.

Al altar de boda subió la silenciosa Sac-Nicté.

Al altar de boda llegó de improviso, con sus guerreros, el terrible Canek.

El destino tenía que cumplirse ese día: ¡la princesa fue raptada del altar de su boda!

Canek y Sac-Nicté desaparecieron como un relámpago sin que nadie pudiera darles alcance.

Ulil gritaba por las calles convocando a sus sirvientes para vengar la ofensa; pero nadie acudía: ¡nadie entendía lo que había pasado!

No hubo ni una sola gota de sangre; solamente ¡la fiesta se acabó!

...¡Con esto llegó el día triste de la destrucción de Chichén, de la bella Chichén de los Itzáes!

Se juntaron Uxmal y Mayapán para ejecutar la venganza.

En Chichén se lloraba y se lloraba esperando el castigo. Los itzáes dejaron sus moradas humildes, dejaron sus casas, abandonaron sus mansiones, para salir a despoblado.

A la luz de los luceros se fueron por el monte olvidando los caminos y tomando senderos nunca abiertos...

El dulce y apacible corazón de Sac-Nicté llenó de fuerza el alma amarga de Canek y abrió sus ojos con la ternura de su amor, para encontrar la ruta. Partieron al exilio.

Canek se puso al frente conduciendo a su gente. Sac-Nicté señalaba el camino que deberían seguir. Animales y pájaros continuaban tras ellos.

Así llegaron hasta las muy lejanas tierras de Petén-Itzá. Regresó el tiempo antiguo –bueno– y "la Serpiente Negra vio renacer sus alas".

Allí empezó ese tiempo nuevo de los itzáes "con las casas sencillas de la paz".

Chichén se quedó sola, abandonada, fue destruida y quemada por los reyes de Uxmal y Mayapán. Todas las puertas fueron abiertas con los golpes de las hachas de la venganza. Todos los templos y los dioses fueron derribados.

Chichén Itzá, la "ciudad de las ciudades", se convirtió en un fantasma acurrucado junto al viejo cenote azul donde la vida se ha estancado.

Los zopilotes, los chom

El rey de Uxmal era muy afecto a los banquetes y a las fiestas. Un día, decidió organizar una celebración en honor de Hunab-Ku, el Dador de la Vida (advocación de Dios en su función creadora).

Con el festejo quería agradecer todos los dones que el pueblo maya debía al Creador. Para esto, convidó a los príncipes, a los sacerdotes y a los guerreros principales de los reinos vecinos.

Como deseaba que la fiesta fuera memorable y causara admiración y envidia, planeó con tiempo todo y preparó hasta los últimos pormenores. Hizo traer las más raras y esplén-

didas flores. Mandó preparar suculentos plati-
llos con carne de venado y de pavo silvestre, ade-
rezada con hierbas olorosas. Pidió abundancia y
generosidad en el reparto de "balché", un licor
especial para las grandes ocasiones.

Cuando llegó el día señalado, se vistió con
sus mejores galas. Adornado con las más bellas plumas y más ricas joyas, subió a la terraza del palacio.

Desde allí contempló su ciudad: todo estaba limpio y adornado, todo parecía luminoso y espléndido.

Deseoso de poder sorprender y halagar a los
invitados con tan grato panorama, ordenó a la ser-
vidumbre que el banquete fuera ofrecido en la
terraza. Subieron flores y palmas finas, así
como elegantes mesas para servir las viandas.
No faltaba detalle alguno.

Entonces bajó hasta la entrada del palacio. Fue en persona a recibir a los convidados,
igualmente presentados con gran lujo. Los sirvientes también bajaron, para subir después de
la comitiva.

¡Y no se dieron cuenta de que los zopilotes
(chom, en maya) –entonces de bellísimos plu-
majes de colores y corona rizada– se quedaron rondando el suculento festín!

Así, una vez a su alcance la comida, bajaron y picotearon todas las mesas hasta dejar limpios los platones. Terminaban las últimas migajas cuando vieron aparecer al rey con sus invitados. Entonces volaron haciendo gran algarabía.

"Pálido de ira, al ver cómo las aves daban fin a su fiesta", el rey gritó:

—¡Flecheros, de inmediato, me matan a esos pájaros! —Pero los zopilotes se escaparon volando tan, tan alto, que ninguna flecha pudo alcanzarlos.

—¡Esto no puede ser! ¡Merecen un castigo! —gritó nuevamente con solemne autoridad.

—Así se hará, majestad— respondió uno de los sacerdotes principales—, los irrespetuosos van a ser castigados.

El sacerdote Ha´Balam recogió una buena cantidad de las bellas plumas que los zopilotes dejaron caer a la terraza en su huida.

Los más sabios fueron llamados por el propio Ha´Balam y encerrados en el templo para planear cómo castigar a las voraces aves.

Todas aquellas plumas de colores con brillos dorados se colocaron sobre un gran brasero. Allí, sin dejarlas arder, fueron quemándolas poquito a poco, hasta que perdieron su brillo y se volvieron negras.

Uno de los sacerdotes, las molió hasta convertirlas en un polvo muy fino. Ese polvo se echó en vasijas de agua para hacer un caldo espeso y negro.

Una vez listo el caldo, los sacerdotes salieron del templo, y Ha´ Balam llamó a los sirvientes para que en tres días pudieran tener listo otro banquete en la terraza del palacio.

Y los zopilotes –pensando que los hombres eran tontos y que habían olvidado su atrevimiento– bajaron de inmediato y se abalanzaron sobre los exquisitos manjares de las mesas. Pero no contaron con que en esta ocasión, los sacerdotes, los flecheros y los príncipes, estaban escondidos entre las plantas, palmas y asientos preparados en la terraza, y "apenas habían puesto las patas sobre las mesas" cuando aquel caldo negro de sus propias plumas quemadas, les cayó por dondequiera dejándolos empapados.

Ha´ Balam, secundado por cuatro sacerdotes, repitió las palabras de un conjuro mágico para que la transformación se hiciera de inmediato. Los zopilotes quisieron escapar igual que la vez anterior –volando a las alturas–, pero con las plumas mojadas, no pudieron hacerlo. Tuvieron que quedarse al sol mientras la maldición hacía su efecto: sus plumas se volvieron negras y la cabeza se les calentó hasta dejarlos calvos.

Los sacerdotes observaban satisfechos cómo se había cumplido el castigo de aquellos que no respetaron el alimento servido en honor de Hunab-Ku, el Dador de la Vida.

El rey, muy complacido, organizó otra fiesta cuando los zopilotes se alejaron.

Luego éstos, al mirar su figura en un cenote claro, conocieron su fealdad y se arrepintieron. Desde entonces, únicamente vuelan alto, lejos de todos, para que nadie pueda burlarse de ellos.

Y cuando tienen hambre y bajan, tienen que conformarse con hallar su alimento entre la basura, y comer carne descompuesta de algún animal muerto.

Ése fue su castigo y ahora deben servir para limpiar el suelo de cosas inservibles para que el Dador de la Vida disfrute con la presencia de las flores, y pueda mandar al mundo hombres que lo alaben y animales que lo respetan.

La fidelidad del perro

Había una vez un hombre muy pobre y de mal corazón. Tenía un perro y lo maltrataba constantemente; además, era muy poco lo que le daba de comer.

Kakasbal –que todo lo ve y todo lo sabe– se acercó un día al perro, era un momento especial para ganar su voluntad porque yacía moribundo después de una paliza que su malhumorado amo le había propinado.

—¿Qué te pasa, querido Pec? —le preguntó, a lo cual, el maltrecho animal respondió:

—Nada nuevo, unos golpes de mi amo, el señor Lec Ceh...

—¿Te golpea entonces a menudo? —le dijo Kakasbal en tono de sorpresa.

—Sí, me golpea cuando no consigue comida, me golpea cuando hace calor y no encuentra agua, me golpea cuando hace frío...

—No sigas, querido Pec, ya veo que Lec Ceh siempre encuentra motivo para hacerte daño.

—Así es, señor...

—¿Por qué no lo dejas entonces?

—Porque siendo él mi amo, le debo fidelidad.

—...Pero tú tienes derecho a una vida mejor, anímate. Yo te puedo ayudar a escapar.

Así, Kakasbal estuvo un rato tratando de convencer al perro mas, como no obtuvo la respuesta que deseaba, decidió esperar para la próxima ocasión en que el amo maltratara a Pec.

No tuvo que esperar mucho, pues esa misma noche, Lec Ceh volvió furioso y le asestó dos patadas en el adolorido lomo.

—Ya me dijo un amigo, mugre perro estúpido, que te quejas de mi trato; ahora vas a tener por qué quejarte, toma —y se fue sobre el perro a pedradas hasta que lo dejó sin sentido.

Cuando volvió en sí, Pec se arrastró hasta una cueva, tal vez para esperar tranquilo la muerte, allí se quedó dormido.

Al amanecer, una lucecita roja se prendía por un lado y otro de la cueva, Pec se sorprendió y pensó que se hallaba en un lugar encantado.

Con gran esfuerzo se puso de pie y trató de salir. En la puerta estaba Kakasbal, esperándolo.

—¿Cómo estás, Pec? ¡Te veo muy golpeado! ¿Por qué no aceptas mi ayuda? Yo puedo librarte de ese sufrimiento.

—Dime qué debo hacer —preguntó el perro, pues aunque no muy convencido de la propuesta, realmente ya necesitaba poner un hasta aquí ante el abuso de su dueño, el cruel señor Lec Ceh. Aun temiendo la condición que el personaje le pondría, dio a entender que aceptaba, porque pensó que quien le ofrecía ayuda era sumamente poderoso y no lo deseaba como enemigo, ¡para nada!

—Sólo dame tu alma —dijo Kakasbal con desgano, como si no tuviera importancia.

—Y tú ¿qué me darás?

—Lo que me pidas.

—Bien, quiero un hueso por cada uno de los pelos que cuentes en mi cuerpo.

—Vamos a contarlos, para que veas que soy legal —dijo frotándose las manos, y empezó—, uno... dos... tres...

Así siguió Kakasbal hasta cientos y miles, contando pelos y más pelos, contando pelos desde la cabeza, las orejas y el lomo hasta llegar a la cola.

En ese momento, Pec recordó la fidelidad que debía a su amo y saltó, haciendo que Kakasbal perdiera la cuenta. Éste le reclamó y el perro se disculpó diciendo que tenía cosquillas en ese lugar, pero que podían volver a empezar.

—Ya saltaste de nuevo, perro tonto... ¡volví a perder la cuenta! —dijo cuando casi terminaba la segunda cuenta, a lo cual, el astuto Pec dio una nueva excusa.

—Perdón, creo que alguna pulga, de las muchas que tengo, me hizo saltar, pero usted vuelva a empezar, no quiero que me quede a deber ni un solo hueso.

Kakasbal no tuvo más remedio y volvió a contar, pero sucedió que nunca completó la cuenta y se hartó de las disculpas del perrillo. Llevaban ya cuarenta intentos sin resultado. Kakasbal, aburrido y molesto, le dijo por fin a Pec:

—Anda, regresa con tu amo. Aprendí la lección: "Es más fácil poner a un amigo contra su amigo, a un hijo contra su padre, que comprar la fidelidad de un perro".

El cenote de Ticín-Ha

Una mujer egoísta y poderosa vivía, hace mucho tiempo, en Ticín-Ha. Ella tenía agua en abundancia, bebía y se refrescaba en su hermoso cenote. Como no deseaba compartir el bello y envidiable lugar, puso ramas espinosas en las cercanías.

Un día llegó un anciano muriéndose de sed y de fatiga, pero Xpac´a´cok –así se llamaba la mala mujer "dueña" del cenote– no quiso darle de beber. El anciano desfalleció adelante, en el camino.

Un joven lo recogió y lo auxilió.

—No vayan por Ticín-Ha, allí hay agua fresca y abundante en un bello cenote, pero la dueña tiene mal corazón... —comentaba dondequiera.

100

Una golondrina escuchó al joven y llegó a Ticín-Ha para contarle a Xpac´a´cok lo que se decía de ella.

—Mejor —contestó la mujer—, así mi agua será sólo para mí.

...Y tú, Cuzamil, golondrina tonta, vete sin beber —agregó en seguida— no creas que una noticia como la que me traes merece una gota de esta agua. La golondrina, sedienta, cansada y calurosa, voló con dificultad hasta el monte, allí encontró un arroyito donde jugaban los aluxes.

—¿Quieres beber? —le preguntó uno pequeñito, color de luna—. Acércate a descansar y refréscate, avecita.

Cuzamil bebió hasta saciarse, luego le contó al alux acerca del egoísmo de la despiadada Xpac´a´cok.

—¡Eso no está bien! —clamó desde una nube la poderosa voz de Chaac—, el único dueño de las aguas soy yo. El agua que yo mando es para todos: grandes y pequeños, sembradíos y animales del aire y de la tierra.

Entonces Chaac se presentó en la gruta de Ticín-Ha en forma de venado y se acercó a beber. Con palabras descompuestas y arrojándole pedradas, Xpac´a´cok lo obligó a retirarse.

De inmediato se apareció el dios en lugar del venado y dijo disgustado y enérgico, mostrando en la palabra su poder:

—Eres mala, mujer egoísta: ¡tu corazón está seco! ¡Desde hoy, este cenote estará seco también!

Por eso en estos días –desde entonces–, la gruta de Ticín-Ha sólo tiene piedras y está llena de polvo.

Cómo brotó la "aguada" de Ha'mpobol

En ese lugar, en un lejano tiempo, había una choza. En la choza vivía una mujer. La mujer tenía un lindo bebé.

Cuando salía por agua hasta un pozo se tardaba bastante, porque entonces no existía agua en un lugar más cercano.

Un día estaba descansando en el brocal del pozo, cuando vio venir por los aires a una cotorrita. La avecita se acercó para decirle:

—Apúrate, regresa ya a tu casa. Tu niño está llorando mucho.

La mujer corrió y, en efecto, cuando llegó, el bebé lloraba desesperado. El perro dormía bajo la hamaca.

—¡Perro holgazán! —le gritó al tiempo que lo golpeaba con pies y manos— ¡El niño llora, y tú, duermes!... podrías hacer algo.

El perro meció entonces la hamaca, y el bebé se arrulló hasta quedar dormido.

—Eso está bien... —pensó la mujer—, ¡no tendré que preocuparme más por el niño!

Desde ese día, se ausentaba constantemente y el perro mecía y mecía la hamaca para que el niño estuviera durmiendo, pero...

Las salidas de la mujer eran cada vez más frecuentes y más largas, por lo que el perro guardián llegó a cansarse.

—Mujer —le dijo un día—, ¿a dónde vas tantas veces al día y tardas tanto?

—Sólo voy al pozo a traer agua, ¡ya lo sabes! —gritó como desaforada y le arrojó al animal toda el agua del cántaro con todo y recipiente.

Chaac tomó aquel cántaro entre sus manos y lo estrelló contra el suelo diciendo:

—¡No tendrás ya pretexto para alejarte de tu niño! ¡No tienes ningún motivo para salir! ¡De este cántaro roto saldrá tanta agua, que te ahogarás en ella!

Así brotó del suelo la "aguada" Ha´mpobol.

El agua de Zac Ha

Ésta es la historia que se cuenta acerca del cenote de Zac Ha.

Aquel cenote estaba lleno de luz. El fondo, que en todos los cenotes es sombrío, turbio o cenagoso, en el Zac Ha era claro y luminoso.

El agua de Zac Ha era transparente y reflejaba la luz que había en el lugar; por eso su nombre Agua Blanca. Sin embargo –a pesar de su blancura–, el cenote, según se decía, estaba hechizado.

Los caminantes procuraban no pasar muy cerca, pues las consejas afirmaban que quien se acercaba era presa de una atracción invencible a consecuencia de la cual desaparecía, pues nadie sabía jamás de su paradero.

El maleficio se debía a la presencia de un poderoso Kakasbal que vivía ahí, cuya mirada resplandecía en tal forma que determinaba la claridad iluminando el espacio y hacía ver blanca el agua.

Mas, aunque los kakasbales sean seres excepcionales –con más poderes que el más poderoso de los hombres–, pueden ser vencidos y aun destruidos por algún espíritu superior, así pasó en el cenote de Zac Ha.

En una ocasión, un leñador caminaba cerca de la gruta luminosa tratando de guardar la distancia necesaria para librarse del hechizo, pero he aquí que de pronto sintió curiosidad, una curiosidad insistente, por lo cual pensó para sí.

—Qué tal si compruebo, si descubro algo por mí mismo... claro, sin entrar; sólo asomándome... sólo en la orillita... sólo...

—Buen hombre —le interrumpió un afable anciano desde un caballo—, ¿a dónde vas? —dijo, al tiempo que sus manos hacían un ademán de detenerlo. El leñador se quedó paralizado, sin habla, bajó la cabeza y siguió escuchando con atención.

El anciano hablaba "con sabiduría" y su aspecto era venerable.

—Un espíritu maligno vive en ese cenote, hijo mío; ¡no te acerques! Esa claridad que desde aquí se percibe, proviene de los ojos del Kakasbal que hechiza a los incautos. Ayúdame —rogó el anciano; veo limpio tu corazón y fuertes tus brazos... —y pidió al leñador que cortara una rama grande y pesada de un árbol de chacá... Caminarás cien veces cien pasos largos, allá encontrarás el árbol de donde debes desgajar, con tu machete, hijo mío, la rama más fuerte y gruesa... Cuando tengas la rama,

106

con el mismo machete le grabas una cruz en el punto de corte y me la traes.

Una vez que el anciano tuvo en la mano la rama que el leñador trajo, se bajó del caballo y agradeció el servicio.

—Ahora puedes seguir el camino que traías; no te detengas; no vuelvas la cabeza ni trates de saber lo que va a pasar.

Te digo todo esto porque eres curioso: la curiosidad estuvo a punto de hacerte caer bajo el poder del Kakasbal del cenote Zac Ha.

Atemorizado, el leñador, mas comprendiendo que algo sobrenatural estaba sucediendo y que algo maravilloso podía suceder, volvió, obediente, a tomar su camino y cruzó el monte aprisa. Durante el transcurso se dio cuenta de que los animales silvestres corrían a guarecerse como si presintieran sucesos extraordinarios. Las aves volaban alejándose más y más.

—¿Qué ocurre?, ¿qué pasa? —preguntó varias veces sin obtener respuesta ninguna. Al poco rato un animal pasó corriendo cerca de él gritándole:

—Hombre necio, obedece como todos obedecemos.

Con esas palabras recordó las del anciano; éste le había advertido que si veía signos de inquietud no se asustara, y que sólo se abrazara del árbol más grande y fuerte del camino. Acababa de cumplir la recomendación del venerable anciano –sin duda un espíritu superior– cuando escuchó la voz del árbol:

—No vayas a soltarte, ¡afiánzate con fe!

De inmediato, un enorme rayo atravesó el cielo. Un alarido sobrehumano se oyó al tiempo que llegaba el rayo a hacer contacto con la tierra.

Cuando todo volvió a la calma, tuvo temor por el buen anciano y regresó a Zac Ha por si debía prestarle auxilio, por si necesitaba ayuda de su parte.

Conforme iba acercándose, iba creciendo una pestilencia que emanaba del cenote encantado.

No encontró al anciano ni la cabalgadura. No parecía haber ocurrido nada. No pensaba nuestro leñador ver lo que en ese momento descubrió: tenía enfrente la rama de chacá que él mismo había cortado.

La rama estaba salpicada de sangre renegrida y un bulto negro flotaba sobre el agua –para entonces, no blanca– del cenote Zac Ha.

El maleficio terminó, pero no el temor de la gente que pasa... ¿te atreverías a entrar? Te advierto que los que han oído esta historia no quieren ni acercarse por ahí...

Los árboles que lloran

Esta leyenda viene de la prehistoria y se relaciona –en cierto modo– con el Diluvio Universal:

Cuentan que al principio de los tiempos, Noh Ku, el Dios Mayor formó la tierra del Mayab.

Yum Chaac, uno de sus "lugartenientes" fue encargado del agua, en especial de la que debe regar y mantener frescos y húmedos los sembradíos.

Yum Chaac tenía dos hijos, el varón se llamaba Noh Kayab –Gran Corriente de Agua–, la mujer era Xbulel, una guapa doncella cuyo nombre significa Inundación.

El príncipe Yaax Kin –Sol Tierno–, hijo del Gran Sol, se enamoró de la bella Xbulel y debieron casarse. De esa unión nació Xhoné Ha, Agüita Interior.

Todo parecía marchar sin problemas hasta que cada uno de los esposos fue requerido por su propia familia para ayudar en sus ocupaciones divinas. De esa manera, Yaax Kin no podía proteger a Xbulel ni a la pequeña Xhoné Ha, pues sólo le era permitido visitarlas algunas veces.

Xbulel se pasaba el tiempo jugando con su hermano Noh Kayab y también descuidaba a su hijita.

El padre de los jóvenes juguetones, Yum Chaac, les advirtió que fueran más calmados y responsables, pues podrían provocar el enojo de Noh Ku, el Dios Mayor.

Un día, el cielo se oscureció cubierto por enormes nubarrones y la lluvia empezó a caer a torrentes por todo el mundo.

Los rayos ponían grandes avisos luminosos en el cielo y Yum Chaac gritó con la voz de los truenos exigiendo calma y juicio a sus hijos.

Pero los dos hermanos seguían divertidos echándose agua y corriendo locamente uno y otro sin darle importancia a los grandes chorros que caían del cielo inundándolo todo.

Ellos debían encauzar las primeras aguas torrenciales Noh Kayab, en forma de ríos; ella, Xbulel, ordenando los depósitos sin permitir que se colmaran de más... Cuando quisieron hacer algo, era demasiado tarde: el agua había cubierto toda la tierra y había derribado los árboles.

Xbulel corrió y corrió buscando a su pequeña, a quien –mientras se divertía jugando "a las mojadas" con su hermano– había dejado dormida debajo de un gran árbol, ¡pero no recordaba de cual árbol!

Buscó y buscó a su niña en cada uno de los árboles que pasaban, pero la corriente se los llevaba a todos, fueran ceibas, dzuc-dzuc, catzines o chucunes, ¡todo trastornaba la Gran Inundación!

Cuando terminó aquel diluvio, el mundo estaba desolado, lleno de cadáveres.

Yum Chaac llamó a sus hijos para castigarlos por irresponsables. Yum Chaac se escondió bajo la tierra; por allí camina silencioso sin ver la luz del sol, sin que nadie sepa por donde va pasando.

Xbulel fue condenada a estar presente en todas las inundaciones para que no olvide su descuido. Además, busca sin descanso a la pequeñita Xhoné Ha, de árbol en árbol. Va de un dzuc-dzuc a otro dzuc-dzuc, de un chucún a otro chucún; de un catzín a otro sin encontrarla. ¡No puede recordar cuál fue aquel árbol donde la durmió para tener libertad de jugar!

...Y llora en silencio sobre cada árbol que encuentra. Su llanto se manifiesta como llanto del árbol; su pena es grande y su desesperación la lleva constantemente de un lugar para otro.

Está condenada a seguir así, mientras el mundo exista, porque Yum Chaac, el abuelo, recogió a la chiquita y su madre –la madre descuidada– jamás la encontrará.

El Puhuy

El canto del Puhuy –nombre maya de una avecita parecida al búho– hace estremecer a la gente porque se dice que anuncia viajes –separación–, muerte o sucesos extraños. Otros aseguran que previene de los peligros, sobre todo a los caminantes que van para sus casas.

Hace siglos, cuando aún los blancos no llegaban a tierras del Mayab, ocurrió una muerte de las muchas que causaba Xtabay, la engañosa aparición cautivadora de los hombres.

Ah Kusaán Ich era un príncipe maya y fue un "Halach Huinik" –hombre verdadero según el concepto de la vieja filosofía–, un gobernante dentro de la teocracia militar de esos tiempos.

Ah Kusaán Ich vivió en Chichén Itzá, era buen cazador y estaba enamorado de Sujuy Munyal, quien además de pertenecer a una importante familia como él, correspondía a ese amor, de modo que decidieron casarse.

La boda se programó para la primavera, llamada entonces "el hermoso tiempo de Moan" –época que equivalía al final de marzo y el principio de abril–, cuando aparecen en el campo las primeras flores de aroma y los árboles se llenan de brotes y botones que se convertirán en fruta.

El novio iría –según la costumbre– al santuario situado en Izamal, donde llegaban peregrinos desde los puntos más distantes como Palenque, en el lejano sur; como Cuzamil, la Isla de las Golondrinas; como Coba, o Quiriguá, "Guardiana de la Gran Cabeza", de Uaymitúm, santuario de los flamencos.

Ah Kusaán Ich partió de "la ciudad de ciudades", Chichén Itzá; tomó el camino directo hacia el santuario y, una vez allí, depositó alegremente su ofrenda al dios Kinich K'admó.

La ofrenda se consumió de inmediato, con lo cual el novio entendió que la boda estaba aceptada por la divinidad.

Anunció el regreso, de inmediato, a los hombres que lo acompañaban, pues un "hombre verdadero" es importante: nunca viaja solo.

La comitiva emprendió el camino. La distancia era larga; el monte, tupido y peligroso; la vuelta se prometía pesada.

Una noche, yendo de camino, Ah Kusaán Ich vio pasar un hermoso venado "siete puntas de cuerno". Al enfrentar su vista, las pupilas del animal le lanzaron un reto; él, como cazador, sintió que le hervía la sangre.

La mirada altanera, así como el brillo inusual de esos ojos, le hicieron pensar en un hechizo o misterio. Esta circunstancia, lejos de intimidarlo, lo encendió más, de modo que reunió a sus hombres para organizar una partida formal de caza.

Los ayudantes se dispersaron; los "ojeadores" se internaron en el monte con gran cuidado. Ah Kusaán Ich se fue alejando del camino, siempre pendiente del sonido de los caracoles y los gritos de los cazadores. Mas la mirada del venado salía de repente por algún lado y hacia allá iba él tratando de alcanzar al animal para darle caza.

En un momento dado, se había alejado tanto que se hallaba perdido entre la maleza, entonces se sintió desvanecer; sin darse cuenta, había corrido demasiado. Descubrió un lugarcito limpio de árboles y se sentó para descansar.

Escuchó un murmullo agradable, volvió la cabeza y encontró la figura de una bella mujer que le sonreía desde uno de los árboles que acababa de dejar atrás.

No pudo resistir el poder de Xtabay –porque seguro era ella quien lo hechizó–. Allí pasó lo que sólo el viento y ellos conocieron, pero que los demás imaginamos.

Los cazadores se reunieron al fin cuando le dieron muerte al venado; hasta entonces se dieron cuenta de la ausencia de su jefe y regresaron a Chichén Itzá. Pensaron que Ah Kusaán Ich había desistido de la persecución del venado y había vuelto a la ciudad con las buenas nuevas de haber sido aceptada su ofrenda, y el deseo de ver pronto a su amada para comunicarle la anuencia de Zamná, el Rocío del Cielo, en lo referente a la planeada boda.

Como es de suponerse, él no había regresado a Chichén Itzá. Sus amigos fueron a la selva a buscarlo, temiendo algún percance o asalto. Después de un buen tiempo de recorrer la maleza por donde se veían brechas o descubrían la hierba chafada por el paso reciente, fueron a dar con el cadáver, justo al pie del árbol que todos saben preferido de Xtabay.

La decepción de Sujuy Munyal la llevó a reclamar, dolida, al mismo Hunab Kuh, dueño de los destinos; mas en su corazón, el dios puso las palabras de resignación y consuelo: "Sólo los dioses conocen el porvenir de los hombres. Ellos planean, proyectan como si fueran dueños del futuro, pero los designios divinos no se pueden cambiar".

Como aquel que rompía la promesa de matrimonio no podía sepultarse en "tierra buena", sino abandonado en el bosque, Sujuy Munyal se dirigió al "hombre santo" de Chichén para pactar una dispensa.

Ofreció su sacrificio de consagrarse al templo a cambio de que su prometido tuviera un funeral y una sepultura honorables.

Después de consultar a las piedras adivinatorias, la dispensa le fue concedida a la interesada.

El cuerpo de Ah Kusaán Ich fue sahumado y arrojado al cenote sagrado.

Con gran pena, pero con absoluta conformidad, la frustrada esposa vio como el cuerpo del cazador se perdía entre las ondas del lugar sagrado. Ella desapareció de Chichén...

Por muchos años recorrió los caminos librando a los hombres del poder de Xtabay alejándolos de su presencia.

Los dioses la amaban y le conservaron la juventud y la belleza que la hacía seductora y, así, digna rival de la maligna hechicera.

... debió morir, dicen que dejó un huipil blanco – atuendo de las novias– tendido cerca del árbol donde la Xtabay la alcanzó y le clavó una espina de maguey en el corazón.

Del huipil salió su alma en forma de Puhuy; por eso esa avecita canta cuando quiere prevenirnos de la maldad...

El duende de Valladolid

Las consejas de Valladolid conservan en la memoria –de padres a hijos, de hijos a nietos– a un duende travieso que hablaba con los caballeros del pasado.

Antes de medianoche, si alguno le hacía plática, el personaje de leyenda, el diablillo "maldoso" y parlanchín sostenía una divertida conversación.

De este hecho dieron fe, en su momento, el hidalgo conquistador Juan López de Mena y el también hidalgo, Juan Ruiz de Arce, en cuyas casas habitaba el Duende de Valladolid –con ese nombre se le conoce. Acudía para contestar preguntas atrevidas, tocar la vihuela o las castañuelas, o bien para dejar oír golpecitos de baile si alguien tocaba un instrumento y lo llamaba.

Cuando se le preguntó quien era y de donde llegó hasta estas tierras, informó que era originario de Castilla –como las nueces y la calabaza– y cristiano cabal; cosa que atestiguaba recitando el padrenuestro y otras oraciones tradicionales.

Uno de sus anfitriones –tal vez López de Mena– notó su falta durante varios días; sin embargo, como insistió llamándolo cada noche, el duendecillo reapareció; bueno, se hizo presente a su manera ya que nunca nadie lo pudo ver.

Al interrogarle el hidalgo el porqué de su ausencia, él le aclaró que había estado en Mérida, visitando al yerno de un amigo que tenía en Salamanca. El suegro le había hablado del gracioso diabillo y él tuvo que ir a dar fe para no comprometer al viejo.

Mas no siempre pudo portarse bien –dada su procedencia infernal– de modo que después comenzó a manifestarse en forma agresiva: tiraba piedras desde las azoteas para asustar a quienes no escuchaban su voz. Su presencia era a veces muy molesta: lloraba, maullaba, rascaba como rata, tiraba las palmas con que se hacían los techos, o bien, tomaba huevos de una cesta recién traída del corral y los aventaba –riéndose– sobre la falda o la cabeza de las damas, así como de las doncellas de servicio – hasta que una de esas señoras se le enfrentó gritándole un conjuro: "Vete, demonio, aléjate de esta santa casa" — pero cada una de estas palabras fue contestada con una sonora cachetada; la mejilla de la mujer quedó caliente y ella furibunda y asustada.

Entonces recurrió a la intervención eclesiástica; el cura don Tomás fue recibido en silencio por los que pidieron el exorcismo. Iba el sacerdote provisto de hisopo y ritual; mas como el duende malicioso no se manifestó, convencido de que era sólo imaginación de los que lo llamaron, regresó a su casa.

Allí encontró, en lugar de su merienda ¡sólo estiércol de mula! Y dentro de su vaso, una buena ración ¡de orina rancia!

Mientras tanto, el mañoso diablillo habló con los concurrentes al frustrado exorcismo diciéndoles:

—El cura me quería coger, pero sin saber con quien se mete... cuando llegue a su mesa ¡sí que lo va a saber!

Al día siguiente el hidalgo escuchó las amargas quejas del cura; éste supo del "responso" que había recitado el invisible frente a todos los asistentes... ¡ambos aquilataron el poder del Duende!

Posteriormente, el diablillo se esmeró en su mal comportamiento: modelaba alacranes y sabandijas, ratas y murciélagos con cera y los dejaba caer sobre las personas a quienes quería molestar o asustar. Difamaba a los conocidos –ausentes– de cualquier reunión.

La gente evitaba su "aparición" no llamándolo o ignorándolo.

Un día, estando preso López de Mena, el Duende lo visitó en la noche, lo despertó hablándole al oído para decirle:

—"Ha parido hoy tu doña, ¡eres padre de un hijo!

Los compañeros de encierro le tomaron a sueño la noticia –pues el presidio estaba a más de 34 leguas de Valladolid–, pero he aquí que a los pocos días el carcelero gritó, leyendo los correos: Juan López de Mena, eres padre de un niño que nació el 24...

...Y justo el 24 a medianoche, el travieso Duende de Valladolid había tenido la gentileza de poner a su "amigo" en conocimiento de la grata noticia...

Habiendo crecido su fama de "hechicero en pacto con el Diablo", de "hablador infamante" y otras cuatro lindezas, el obispo dispuso excomunión para aquel que escuchara, llamara o en cualquier forma aceptara el contacto con el personaje.

Entonces el malvado se desquitó quemando los techos de las casas de los pueblos vecinos. El cura propuso una procesión en honor del santo en cuyo día se ausentara el "maldoso".

Y éste fue san Clemente, conmemorado el 23 de noviembre; por eso se le representa –en el retablo de su iglesia– con un diablillo atado.

El cristo de Ixmul

Al Cristo que se venera en Ixmul se le conoce como "Cristo de las Ampollas". He aquí su historia.

El cura de esa parroquia era muy devoto de Cristo Crucificado, de quien sólo poseía una pequeñísima escultura de metal frente a la que solía rezar por las noches.

Como "dilapidaba" en caridades, nunca pudo reunir el costo de uno de los Crucificados grandes, de bulto, que llegaban en los barcos de España, con el que soñaba mover el corazón de los feligreses. A veces se quedaba dormido antes de terminar sus oraciones, pero había un búho sabio que desde el gran árbol que había frente a su ventana, lo despertaba con su canto. El cura lo premiaba con un trocito de carne o con alguna golosina.

Pero en una ocasión el búho no estuvo y el padre vio en su lugar una luminaria como si ardiera el árbol. Los vecinos vieron también el "incendio". Como ese prodigio se repitió por tres noches, y el árbol empezó a chisporrotear y su lumbre amenazaba con incendiar los árboles vecinos, decidieron cortarlo, ya que además peligraban las casas del poblado, todas ellas techadas con palma.

Al descubrirse el interior del tronco vieron en él huellas del incendio. La gente se repartió los deshechos, y el trozo mayor – muy grande y pesado– permaneció dentro del curato en espera de futuro destino.

Una noche lluviosa, cuando el sacerdote estaba rezando, alguien llamó a su puerta.

Padrecito —le dijo el peregrino—, vengo desde Guatemala; estoy muy cansado, ¿me dejaría usted pasar esta noche en la parroquia?

— Pase usted, buen hombre, la casa de Dios es la casa de todos... —le respondió el sacerdote y compartió con él su cena.

Al día siguiente, como lo vio muy necesitado, le ofreció al peregrino alimento y descanso mientras se reponía del viaje. Entonces el peregrino se quedó dos días más. Al tercero se disculpó diciendo que debía seguir hasta Ciudad del Carmen, en Campeche –su ciudad natal– a cumplir con un trabajo. El cura le preguntó su oficio y el hombre contestó que era ebanista.

124

Entonces voy a darle un trabajo antes de que se vaya. La paga le hará más fácil el camino. Así fue como el viajero aquel se encargó de hacer un Cristo Crucificado con el trozo de árbol que quitaron. El ebanista pidió un plazo de siete semanas y la condición de no ser interrumpido ni visitado en su trabajo, así como no ver la obra hasta que la terminara. Él sólo saldría a misa y se mantendría comulgando cada día... El padre aceptó las condiciones —bastante extravagantes a su parecer— y el plazo se cumplió.

—Pase usted primero, padrecito: ahí está su Señor—. El cura abrió la puerta y se sorprendió de la propiedad de la escultura y de la expresión amorosa de sus ojos. Volteó para abrazar al escultor, pero éste había desaparecido.

La imagen causó desde luego gran devoción y confianza. Los parroquianos pidieron agua porque no había llovido ¡y empezó a llover! Un día, el cura salió a rescatar a dos niños cuya casa estaba anegada y cuando estaba ausente, un rayo destruyó la casita de la parroquia, dejando a salvo sólo la escultura del Cristo, "aunque un poco tiznado y llenito de ampollas".

La parroquia volvió a levantarse. Las ampollas se fueron apagando. El Cristo volvió al templo sobre su pedestal. Allí se le venera siempre.

Se le invoca como abogado de los quemados, poderoso contra el fuego y protector de los peregrinos que salen a buscar trabajo.

Capítulo V
Quintana Roo

El cocay

En uno de los pequeños y acogedores pueblos de Quintana Roo, no recuerdo si fue en Kantunilkín, en la isla de Holbox o en Solferino, lo cierto es que me pareció interesante la historia que escuché aquella tarde.

"Había una vez"... ¡un mago! Un señor mago capaz de curar todas las enfermedades. Enfermos y miserables llegaban de todos lados para consultarlo y sanar; para encontrar remedio y consuelo.

Cuando algún doliente se le acercaba, el mago sacaba una pequeña piedra verde que guardaba con esmero –una y otra vez– dentro de una bolsita especial. Frotaba la piedrita entre sus manos meditando y pidiendo ayuda a la divinidad; entonces sus manos adquirían poder para curar. Pero... un día estaba descansando en la selva bajo una gran ceiba. Los pájaros cantaban a su alrededor, las abejas zumbaban y las mariposas recorrían el espacio con sus silenciosos vuelos de colores. Pasaban los conejos y algún venado; el viento no quería perturbar aquella tranquilidad. El mago se quedó profundamente dormido.

Fue el agua la que se cansó de tanta calma y empezó a caer sobre el lugar. Huyeron los conejos y los venados. Las mariposas y las abejas buscaron refugio. Los pájaros dejaron de cantar y regresaron a sus nidos. El señor mago despertó sobresaltado, se levantó y corrió en medio de la abundante lluvia.

Al levantarse debe habérsele caído la piedrita verde que lo dotaba de poder divino. Él no se dio cuenta hasta que una mujer llegó a pedirle ayuda porque tenía un niño enfermo. Quiso sacar la piedra y encontró –con tristeza– la bolsita vacía.

—Mi piedrita mágica se ha perdido —clamó desconsolado—, debo buscarla de inmediato, ella es la que me da el poder de sanar.

Y regresó al lugar donde estuvo dormido. Buscó con mucho cuidado y la piedra no estaba. Anduvo varias horas recogiendo hojas y varas caídas y levantando matas donde pudo haber perdido su tesoro, pero tampoco lo encontró. Llamó entonces a los animales –más astutos y hábiles que el hombre; con buen olfato y mejor vista– y les pidió auxilio.

—He perdido mi piedra verde: sin ella no es posible que yo pueda curar.

Tú, venado que conoces los caminos, ayúdame a buscarla. Tú, zopilote, que ves desde lo alto, ten piedad de mi pena. Tú, liebre amiga, que entras por las cuevas y escondites de la selva... Tú, cocay, luciérnaga pequeña, necesito que busques también mi piedra verde, te ruego que lo hagas; piensa que sin ella muchos enfermos y afligidos no tendrán remedio... ¡premiaré a quien la encuentre!

El zopilote voló para ver desde arriba. El venado corrió y olfateó por todos lados pensando que se ganaría el premio. La liebre se puso tan nerviosa que entraba y salía por las cuevas y túneles del monte sin detenerse, sin fijarse, sin hacer lo que es propiamente buscar...

—¡Todos dirán: la liebre la encontró! ¡La liebre la encontró, vamos a felicitarla! ¡Qué lista fue la liebre! —se repetía constantemente.

Cocay volaba bajo y despacito buscando con empeño; cuando se cansaba, se detenía y reflexionaba:

—Tengo que encontrar esa piedra: sin ella el señor mago no podrá curar. Reanudaba el vuelo y proseguía la búsqueda.

—¡No necesito el premio! —exclamó de pronto el venado al encontrar la piedra—. No la devolveré; voy a esconderla donde nadie la encuentre —y se la tragó. Los enfermos tendrían que consultarlo; él pediría un pago por cada curación y se haría rico. Tal era su intención, mas sucedió algo inesperado: le dio un dolor tan fuerte que vomitó y huyó asustado.

Los demás animales seguían buscando sin provecho; el venado no aparecía por ahí porque no quería saber nada de la piedra. Por fin, todos se cansaron y dejaron de buscar. El señor mago seguía afligido, asomándose por aquí y por allá. El cocay se conmovió y volvió a buscar. De repente tuvo una idea: se sintió seguro de encontrar la piedra y voló inspirado. Llegó directamente al lugar en que el venado la arrojó por la boca.

Estaba muy oscuro, pero su deseo de ver los caminos era tan intenso que una luz brotó de su cabeza para llegar al lugar y rescatar la piedra.

— Señor mago —dijo emocionada— una luz mágica me llevó hasta su piedra, ¡aquí la tiene!

—Esa luz será tu recompensa —dijo él agradecido haciendo un conjuro sobre cocay con su recién recuperado talismán. —La luz saldrá de tu cuerpo en la oscuridad y te acompañará toda la vida.

—¿Ah sí? —repeló envidiosa la liebre sin que nadie la oyera. Desde ese día siguió a la luciérnaga hasta alcanzarla:

—Enséñame tu farol, cocay.

La luciérnaga detuvo su vuelo. La liebre saltó para quitarle la luz y convertirla en un brillante para su collar, pero ¡zas! El manotazo apagó la luz y casi mató al pobre cocay. La liebre se asustó y corrió. El insecto anduvo en silencio mucho tiempo, sin prender su farol hasta que estuvo frente a la liebre; ésta pensó al ver la luz que le caería un rayo y se aventó al cenote. Cocay se rió mucho de la tontería. Desde entonces hasta los animales más grandes respetan a cocay pensando que tiene un prodigio en su farol.

Fórmula para ver a los difuntos

El 31 de octubre comienzan a llegar las ánimas para visitar las casas de sus familiares, luego de que éstos barrieron los caminos, arreglaron la casa, prepararon el altar con un mantel nuevo y alistaron las jícaras con su "chuyu bo ab" –asiento especial hecho de bejuco– y los trastos de barro, así como las velas de colores para los niños y las de cera para los mayores.

Los difuntos vendrán sin falta por los caminos del sur, del norte, del oriente y del poniente hasta llegar a la que fue su casa. Allí les esperan golosinas y tabaco, aguardiente y recuerdos que el amor familiar ha puesto en el altar junto a los tamales y el "mucbi-pollo".

Pero si quieres ver a los visitantes invisibles, fíjate bien:

Los perros aúllan cuando ven a los muertos; tienen ese privilegio y ese poder.

Si tienes un perro, espera que aúlle, toma un algodoncito o un pañuelo pequeño y limpia la secreción de sus ojos, ¡ésa es la que tiene el poder! Úntala rápido en tus ojos –antes de que se oree– y prepárate, te voy a relatar la aventura del "tatich" –el abuelo– Francisco...

Su perro se llamaba Bosh Ní y era viejo en la familia. Conoció varios ya difuntos y quería mucho a Francisco, a quien seguía a todas partes en el día y a cuyos pies dormía en las noches, siempre atento a los ruidos cercanos a la choza, su fresco hogar.

Esa noche era de las más oscuras que te puedas imaginar. El silencio también era impresionante, ya que ni las ruidosas cigarras ni el mensajero tecolote se dejaban oír.

De pronto Bosh Ní lanzó un aullido lastimero y eterno: largo, triste.

—Éste es el momento —se dijo el tatich.

—Sí, así es —confirmó cuando el segundo aullido salió, seguido de otros, aú...aa uú...aúu...

—Ven, querido Bosh Ní, sécate esas lágrimas —musitó acariciándolo.

—Auúu... —repitió el perro una honda queja.

—¿Estás viendo a las ánimas? Ven —dijo mientras tomaba con la punta de su paliacate el líquido que escurría de los ojos de Bosh Ní. En seguida se untó los ojos con la sustancia prodigiosa que le permitiría contemplar lo invisible. De inmediato corrió hasta el fondo de la choza para asomarse por entre las maderas que dejan un huequito de luz; tenía miedo de estar a la intemperie, donde podía ser castigado o alcanzado por algún fantasma.

Estaba muy nervioso. La espera le daba escalofrío, pero se asomaba hacia la oscura bóveda del cielo.

De pronto, una serie de lucecitas, como velas ardiendo, apareció entre la negrura de la noche. Era una especie de procesión que llegaba a la Tierra; luego se separaba en ramas como un río, como un árbol, como los dedos de una mano, para dirigirse, dividiéndose, a los muchos caminos del poblado, en el monte.

—Vayan a sus casas —dijo la voz del más allá, visiten a sus familiares. Sólo recuerden que deben regresar mañana.

Entonces, el movimiento de lucecitas —que se había suspendido— continuó su camino.

El temblor del escalofrío le aumentó al tatich Francisco cuando distinguió una figura blanquecina, luminosa, con un cirio en la mano, que avanzaba hacia él.

—Voy a lavar mi ropa —dijo una voz casi imperceptible que provenía del fantasma, al tiempo que éste se quitaba la túnica para echarla en la batea del lavado.

Francisco tenía miedo, no sabía si separarse de la rendija, por la que se estaba asomando, si taparse los ojos con las manos o salir corriendo "pegando de gritos"...

—Yo quería ver a los muertos —aceptó—, ahora, tengo que verlos... ¿quien será?

La figura tomó de nuevo el cirio, caminó hasta la casa, abrió la puerta llegó al altarcito de las ofrendas.

—Esposo, tú querías ver a las ánimas: aquí estoy yo, Clara, tomando el chocolate de la jícara... —el cirio se apagó de modo que la oscuridad se hizo total. De pronto, apareció en un círculo, la cabeza de su esposa. Le horrorizó ver en una mitad de la cara facciones de carne y en la otra solamente la calavera. El anciano cayó desmayado. Cuando volvió en sí, la misma voz que daba órdenes a la procesión, le habló severamente:

—Tienes que pagar este pecado de importunar a los muertos en su visita, te espero en el purgatorio.

Francisco se quedó sin habla. A señas explicó su horrible experiencia. Sus familiares comprobaron la veracidad de su relato cuando vieron que, en la puerta, quedó pintada en rojo la mano de Clara cuando empujó para entrar.

Francisco tuvo fiebre hasta la semana siguiente en que murió. Bosh Ní aulló los siete días y luego desapareció del lugar.

Sólo regresa cada 31 de octubre para aullar cuando ve las sombras de sus amos.

¿Qué soñamos?

Esto sucedió cuando los abuelos de hoy eran niños y tenían sus propios abuelos.

Los nietos de Lin eran muchos entonces y "los de una edad" acudían por las tardes a conversar con él.

—¿Qué soñaron anoche? —les preguntaba ya metido en plática.

—Yo —decía Julián Pot—, soñé que cuidaba ovejas, pavos y gallinas en una hermosa huerta.

—A mí no me gusta soñar —afirmaba Nacho Com—. Cada vez que sueño, voy corriendo por lugares muy bellos; de repente, vuelo alto, muy alto, y cuando estoy desprevenido, me caigo, me asusto, y despierto con el corazón como tamborcito.

—Yo sueño siempre con mariposas. Luego éstas se vuelven abejas si las cojo, y zumban tanto, que me dejan sordo —se quejó Goyo Pot.

Gonzalo Pec colgaba corazones en las enredaderas. Gloria Noh se asustaba de un ángel sin rostro que se le aparecía en una casa llena de espejos.

Miguel Cocom nunca decía nada.

Un día, casi para disolverse el grupo de primos y hermanos que departían con el abuelo común, Miguel "se hizo el tardado" mirando unas varas que el anciano Lin escogía para "varear pochote" y se dirigió, a él, con timidez:

—Abuelo Lin, ¿por qué yo nunca sueño? Como el abuelo es sabio y "buen explicador", contestó de inmediato:

—En el mundo todo son sueños, querido Migue; en las noches todos soñamos, pero sólo los limpios recuerdan lo que sueñan... Al nacer —prosiguió— todos venimos a este mundo a soñar porque somos trozos de sol, pero debemos trabajar el espíritu para estar vivos y dispuestos en la vida.

Miguel no entendió mucho, por lo que estuvo varios días pensativo. El abuelo lo sorprendió sentado en la cerca –con la vista lejana y los puños en las mejillas– mientras él amarraba la leña que recogió de entre las ceibas. El abuelo lo vio sentado bajo un roble haciendo líneas curvas sobre la tierra mientras él recolectaba huevos de codorniz. El abuelo lo encontró junto a los demás cuando desgranaban el maíz, sólo que Miguel parecía no encontrarse presente, ni formar parte de "la tropa".

—Migue —le dijo al día siguiente—, te siento preocupado desde el día en que me comentaste lo de los sueños; más bien, cuando me preguntaste por qué tú no soñabas. Bien —continuó solemne—, ayer quedaron bajo tu persona unos granos de maíz; cuando todos salieron, yo los recogí después de estudiar la figura que formaban.

—¿Sí? —preguntó el muchachito nada tranquilo.

— Sí, ellos me indicaron que debo trabajar contigo para que recuperes el poder de recordar los sueños y aprovechar el poder que ellos tienen... Y vamos a pedir ayuda tú y yo, para que la luz entre en ti y el sol te reconozca.

Se fijó el día para efectuar la ceremonia. El abuelo Lin le advirtió a Miguel que debía ayunar al día anterior.

—...Cuando "te gane el hambre", tomarás sólo agua y miel. Deberás poner la mente en blanco, estar muy silencioso y tratar de escuchar la voz del viento; éste va a decir tu nombre, tu verdadero nombre, el que sólo por siempre sabrás tú y usarás cuando pidas ayuda, así:

"Yo, Balam... Yo, Tukur... Yo, Cocay... Yo, No sé... ¡lo que el viento te diga! Ése será tu nombre mágico, el nombre que te dará poder.

Después debes quitar de ti todo mal pensamiento, o mal deseo, para que puedas convertirte en Cazador de Sueños, hijo del Cazador de Auroras..."

Antes de emprender el camino al lugar de la ceremonia, tomaron chocolate hecho para el momento por la hija de Lin y madre de Miguel. El papá del chico los acompañó hasta el sitio y allí se despidió; el chico se fue al monte con el abuelo, seguidos por dos perros.

Grillos y chachalacas, ladridos y persecuciones de los perros, sobresaltos constantes, hacían estremecer a Miguel, quien estuvo a punto de correr –ya oscura la noche–, en sentido contrario aunque nunca pudiera iniciarse en los sueños ni convertirse en hijo del Cazador de Auroras. Temblaba con escalofrío, y a un instante de huir, el abuelo lo detuvo apoyándose en su hombro izquierdo para darle valor.

Adelante, una víbora inquietó a los perros y el abuelo le habló con sosiego para que ella se retirara y los perros dejaran de ladrar.

Al fin, tendido sobre un redondel de hierbas aromáticas, Miguel quedó bajo el conjuro del anciano Lin, quien no dejaba de rezar pidiendo su "maduración", mientras repetía sortilegios y "palabras de fuerza":

—Antes de que el sol asome, los sueños de los antepasados se cumplirán y estarán con nosotros... los sueños son una rendija de luz para el ejercicio del poder del espíritu... Realizando tus sueños, no serás esclavo de nadie. Los sueños se convierten en realidad.

"La lluvia es el sueño del agua". "El humo es el sueño del fuego". "El azul del cielo, es el sueño del aire..."

"Pero tú, que estás hecho de maíz, ¡despierta, abre los ojos y dispón el espíritu!

Y Miguel abrió los ojos y contempló la aurora. ¿Habría soñado?... una gran paz le inundó completamente el alma...

El sol de luces verdes

Zaac Ceeh era un muchacho extraño, distinto a sus demás compañeros. Aunque jugaba y se divertía como los demás, llegaba un momento en que no quería compartir más y se retiraba del grupo.

No quería cazar pájaros ni poner trampas con los otros para atrapar a los pequeños del bosque. Los animales huían de los demás, pero a Zaac Ceeh lo seguían, se acercaban a él porque su instinto les indicaba que de aquel jovencito diferente no tenían nada que temer.

Al verse solo, mientras contemplaba el agua de un cenote callado, pensaba que su diferencia se debía a que él no era bueno, y sentía tristeza.

Pero he aquí que en una de sus contemplaciones solitarias, cerca del agua silenciosa, se quedó dormido y soñó.

Algunos pensaron, cuando les contaba aquel sueño, que se trataba de una revelación. Él no estaba seguro, mas tenía la certeza de la realidad de su visión; ésta no se alejaba de su mente ni de día ni de noche.

Zaac Ceeh estaba, de pronto —sin saber cómo había llegado ahí—, en un paraje esplendoroso donde no había estado antes; tampoco entendía en que forma llegó a ese lugar extraordinario.

Una vegetación baja y aromática cubría grandes llanos que subían hasta unas montañas tan altas que alcanzaban el cielo. El agua no era quieta y callada como la del cenote, sino que corría de un lado y a otro reproduciendo un alegre ruido: ¡moviéndose y cantando como si estuviera con vida!

Pronto sintió que respiraba un aire fresco y suave. Caminó por una vereda limpia y agradable para subir a la más alta de las cumbres. Al llegar a la cima se detuvo maravillado. Se hallaba en un jardín florido en medio del cual se alzaba un palacio de cristal. El sol, desde la altura, lanzaba extraños rayos verdes iluminando todo el paisaje.

Una bella joven se distinguía entre otras chicas que cantaban alegremente en una ronda. Llevaba una vaporosa túnica blanca adornada con trocitos de jade, turquesas y cristal de roca reluciente como el diamante. Su cabello era oscuro, largo, suave y le daba un perfecto marco a sus finas facciones.

Zaac Ceeh se sorprendió más cuando la bella se separó del grupo y se acercó a salu-

144

darlo. Él hizo un enorme esfuerzo para despegarse del suelo y abrazarla, pero en ese momento el encanto cesó y él volvió a su solitaria realidad sobre una piedra en la orilla del cenote.

Llegó pensativo a su casa y entregó a su madre los trozos de leña que traía y la corteza de balché para hacer el licor ceremonial. No contó nada entonces y se retiró a dormir. Pero esa noche y las siguientes, Yaax Tubén Kin le tendía los brazos desde el palacio de cristal iluminado por las sorprendentes luces verdes de aquel sol.

Su madre lo notó ausente y le preguntó el motivo de sus continuas distracciones. Él se atrevió –apoyado en la suposición de ella– a decirle que se trataba de un enamoramiento; su mente insistía en presentarle la visión de la joven de la túnica blanca resplandeciente bajo las luces verdes de ese sol magnífico.

La madre se asustó pensando en un embrujo o maleficio cuando él le aseguró que iría a buscar a la joven del sueño: recorrería el país y pasaría fronteras, caminaría hasta encontrar el palacio de cristal... El sacerdote del culto solar, el sabio Ah Kin, la tranquilizó advirtiéndole de paso que sería inútil detenerlo; finalizó su plática diciéndole:

—El que cree, hace, y el que hace, crea...

A los tres días, la madre volvió a la choza ceremonial; con hojas de palma limpió los braseros y quemó el copal ante el altar del dios Hunab Ku, único y verdadero que rige el Universo. Dejó unos tamales recién hechos y un tarrito de miel; luego, cerró los ojos para orar.

—Oh, Señor —suplicó—, es mi hijo quien sale a los caminos: líbralo del tigre y de la serpiente; que no se corte o se desangre; que no se rinda.

A la mañana siguiente, Zaac Ceeh prometió a su madre regresar cuando fuera rey de la región del Sol de Rayos Verdes...

Siempre en dirección al oriente, preguntó y preguntó por el lugar que nadie conocía; muchos se burlaron de él y de su sueño... una paloma, una abeja y un venado, cada uno a su paso, le aseguraron que si había visto el lugar y creía en él, sin duda llegaría. Zaac Ceeh siguió al oriente, llegó al mar y cambió de rumbo al descubrir una luz verde a su derecha.

Más adelante, encontró en una ciudad donde había muchos jóvenes que, como él, habían salido en busca de su sueño. Alguno se cansó sin llegar; otro, regresaría al día siguiente a su tierra decepcionado de seguir una fantasía... los más le confesaron que habían estado frente al mismo palacio sin que la joven por quien viajaron de tan lejos, apareciera nunca.

—Deja tus sueños —dijo alguien muy seguro—, quédate con nosotros y aprende a divertirte.

—Los sueños son sólo eso: sueños —reflexionó otro, tratando de desanimarlo.

A pesar de todo, siguió adelante: pasó breñales, cruzó llanos y emprendió la subida a la montaña. Sintió por fin la brisa fresca del lugar que buscaba y redobló los bríos. Le sudaban las manos y los pies, el sudor se transformaba en sangre que caía a la tierra de donde nacían frutas que lo alimentaban y le daban fuerzas para seguir.

Al encontrarse por fin frente al palacio de cristal, todo estaba vacío y silencioso; en ese momento Zaac Ceeh quería morirse. Estaba tan agotado que apenas podía sostenerse de pie; esperó unas horas, unos días; mas su ánima le dijo estas palabras al oído.

—No te vayas sin ver...

Por eso subió la escalinata del palacio, ¡arriba estaba ella, Yaax Tubén Kin, esperándolo!

Ambos se fundieron en un abrazo.

—El que cree, hace; el que hace, crea: tú me has creado, tú creíste en mí. Éste es tu premio—dijo ella, y él, creyó en sus palabras...

Leyendas de la provincia mexicana / zona sureste
Tipografía: *Ediciones del Lirio*
Negativos de portada e interiores: *Fotolito Daceos*
Esta edición se imprimió en septiembre de 2002,
en *Editores Impresores Fernández S.A. de C.V.*
Retorno 7-D Sur 20 No. 23 México, D.F. 08500

SU OPINIÓN CUENTA

Nombre ....

Dirección ....

Calle y número ....

Teléfono ....

Correo electrónico ....

Colonia .... **Delegación** ....

C.P .... **Ciudad/Municipio** ....

Estado .... **País** ....

Ocupación .... **Edad** ....

Lugar de compra ....

Temas de interés:

□ *Negocios*	□ *Familia*	□ *Ciencia para niños*
□ *Superación personal*	□ *Psicología infantil*	□ *Didáctica*
□ *Motivación*	□ *Pareja*	□ *Juegos y acertijos*
□ *New Age*	□ *Cocina*	□ *Manualidades*
□ *Esoterismo*	□ *Literatura infantil*	□ *Humorismo*
□ *Salud*	□ *Literatura juvenil*	□ *Interés general*
□ *Belleza*	□ *Cuento*	□ *Otros*
	□ *Novela*	

¿Cómo se enteró de la existencia del libro?

□ *Punto de venta*
□ *Recomendación*
□ *Periódico*
□ *Revista*
□ *Radio*
□ *Televisión*

Otros ....

Sugerencias ....

Leyendas de la provincia mexicana/ Zona Sureste

RESPUESTAS A PROMOCIONES CULTURALES
(ADMINISTRACIÓN)
SOLAMENTE SERVICIO NACIONAL

CORRESPONDENCIA
RP09-0323
AUTORIZADO POR SEPOMEX

EL PORTE SERÁ PAGADO:

Selector S.A. de C.V.
Administración de correos No. 7
Código Postal 06720, México D.F.